Schöningh
westermann

EinFach
Deutsch

AF202849

Gotthold Ephraim Lessing

Emilia Galotti

...verstehen

Erarbeitet von
Bernadette und Matthias Hohe

Herausgegeben von
Johannes Diekhans
Michael Völkl

Bildnachweis

|akg-images GmbH, Berlin: 69. |Bernhard J. Widmann, Stuttgart: 60. |DRAMA. Agentur für Theaterfotografie, Berlin: Iko Freese 91. |fotolia.com, New York: Max 71. |Holger Warnecke, Hannover: 95. |Kassing, Reinhild, Kassel: 16, 26. |Obst, Lena, Berlin: 28. |Picture-Alliance GmbH, Frankfurt/M.: akg-images 83. |ullstein bild, Berlin: Kujath 108; Lieberenz 86.

© 2012 Bildungshaus Schulbuchverlage Westermann
Schroedel Diesterweg Schöningh Winklers GmbH,
Georg-Westermann-Allee 66, 38104 Braunschweig
www.westermann.de

Druck A[10] / Jahr 2024
Alle Drucke der Serie A sind im Unterricht parallel verwendbar.

Umschlaggestaltung: Nora Krull, Bielefeld
Umschlagbild: © A. T. Schaefer
Druck und Bindung: Westermann Druck Zwickau GmbH,
Crimmitschauer Straße 43, 08058 Zwickau

ISBN 978-3-14-**022520**-5

Inhaltsverzeichnis

An die Leserin und den Leser

Liebe Leserin, lieber Leser!

„Verführung ist die wahre Gewalt. – Ich habe Blut, mein Vater, so jugendliches, so warmes als eine. Auch meine Sinne sind Sinne. Ich stehe für nichts. Ich bin für nichts gut." (S. 84, Z. 3 ff.)[1]

Mit diesen Worten bittet eine Tochter, die um ihre eigene Verführbarkeit weiß, ihren Vater, sie zu töten. Bereits von den zeitgenössischen Rezipienten[2] wurde in Emilias Angst vor dem eigenen Wankelmut das Rätsel des Dramas „Emilia Galotti" gesehen. Noch immer gibt es über den Schlussakt lebhafte Debatten und gerade in unserer Zeit ist Emilias rigoroser Entschluss zu sterben kaum nachvollziehbar, zumal es nach ihren eigenen Worten ja nur um die *Möglichkeit* geht, erotisch verführbar zu sein. Wir fragen uns: Was treibt dieses Mädchen in den Tod, wenn es nicht die verlorene Unschuld ist? Warum sieht es nur den Suizid als Errettung, um die *Möglichkeit* künftiger Schwäche zu sühnen?
Ein Teil der Interpreten führt das „Unbefriedigende" des Schlusses auf den „Zwang der Stoffvorlage" (s. auch S. 81 ff.) zurück. Manche hingegen sehen in der Figur Emilia – und gerade in ihrem Tod – die Forderung nach Selbstbestimmung konkretisiert. Andere wiederum betrachten ihren Tod als Kapitulation vor den Anforderungen des sozialen Gefüges, der Welt und Gesellschaft, in der sie lebt, und sehen sie als Opfer einer Erziehung, in der jede sinnliche Regung als „Sünde" gilt.

---

[1] Sämtliche Stellenangaben beziehen sich auf die im Literaturverzeichnis aufgeführte Textausgabe des Schöningh Verlags.
[2] Rezipient: Zuschauer bzw. Leser

Wie immer man das Drama und sein Ende deuten mag, fest steht, dass Lessing die Menschen seiner Zeit auf die Bühne zu stellen versucht. Idealisierte Hofgesellschaften haben bei ihm keinen Platz mehr und es ist nicht mehr seine Absicht, heroische Aufwallungen beim Publikum hervorzurufen, sondern Tränen des Mitleids.

Mit dieser neuen Gattung, dem „bürgerlichen Trauerspiel", in dem sich scharfer Protest gegen absolutistische Willkür äußert, zeichnet sich eine Epochenwende in der deutschen Literatur ab: Für diese steht in erster Linie der Name Lessing. Er gilt sicherlich zu Recht als der berühmteste deutschsprachige Schriftsteller des vorklassischen 18. Jahrhunderts.

Sein 1772 uraufgeführtes Stück „Emilia Galotti" hatte große Wirkung auf die Künstler nachfolgender Generationen. Nicht zuletzt zeigt sich seine außerordentliche Attraktivität darin, dass es geradezu eine Konstante im Aufführungsangebot der Theater darstellt. Auch die große Beliebtheit des Dramas als Schullektüre ist ein eindeutiger Beleg für seine bis heute andauernde Aktualität.

Aber warum genau lesen wir eigentlich das Drama „Emilia Galotti"? Hochaktuell ist das Stück auch heute noch – durch die Frage nach dem Verhältnis von politischer Herrschaft und Moral und durch die Frage nach den Voraussetzungen für individuelle und gesellschaftliche Freiheit. Daneben ist „Emilia Galotti" ein Stück, an dem sich der Zusammenhang zwischen der gesellschaftlichen Realität einer Epoche und ihren literarischen Ausdrucksformen exemplarisch nachvollziehen lässt. Hinzu kommt die dramengeschichtliche Bedeutung: Lessings Werk ist geradezu ein idealtypisches Beispiel für die klassische Struktur des deutschen Dramas und für die Typologie des bürgerlichen Trauerspiels.

Der vorliegende Band aus der Reihe „EinFach Deutsch – ... verstehen" will die Annäherung an ein sehr kontrovers diskutiertes Stück erleichtern und Zugänge zur Interpretation des Dramentextes und seines Personengefüges aufzeigen. Daneben vermittelt er biografische, zeitgeschichtliche und kunsttheoretische Hintergründe des Werks. Im Sinne einer erfolgreichen Prüfungsvorbereitung werden abschließend die Aufgabenform „Personencharakterisierung" sowie verschiedene Verfahren der Textanalyse vorgestellt und wichtige inhaltliche Aspekte noch einmal in anschaulichen Übersichten gesondert betrachtet.

Viele Anregungen zum Nachdenken und viel Freude bei der Lektüre wünschen

Bernadette Hohe und Matthias Hohe

Der Inhalt im Überblick

Prinz Hettore Gonzaga, der mit absolutistischer Willkür über Guastalla in Oberitalien herrscht, ist seiner Geliebten, der Gräfin Orsina, überdrüssig und in ein junges Bürgermädchen namens Emilia Galotti verliebt, deren Hochzeit mit dem vom Hofe unabhängigen Grafen Appiani jedoch unmittelbar bevorsteht.

Hettores Kammerherr Marinelli, ein intriganter und gewissenloser Höfling, setzt alles in Bewegung, um seinem Herrn die Offizierstochter doch noch zuführen zu können. Nach dem Scheitern einer ersten Intrige lässt Marinelli eigenmächtig und in heimtückischer Manier die Hochzeitskutsche des Paares überfallen: Dabei wird Appiani tödlich verwundet, Emilia und ihre Mutter Claudia flüchten sich auf das Lustschloss des Prinzen nach Dosalo.

Dort erschrickt Emilia über das unverhoffte Wiedersehen mit dem Prinzen, der ihr bereits beim Kirchgang am Morgen seine leidenschaftliche Liebe bekannt hatte. Sie schwankt zwischen einem in ihr erwachenden Gefühl von Liebe für den Prinzen einerseits und den strengen Tugendforderungen der bürgerlichen Welt andererseits, repräsentiert durch ihren Vater Odoardo, der nun ebenfalls im Schloss eintrifft.

Die empörte Gräfin Orsina, die die Intrige des Hofes durchschaut und selbst tief gekränkt ist, klärt Odoardo über die Hintergründe von Appianis Tod und die Gefahr, der seine Tochter durch den Prinzen ausgesetzt sei, auf und händigt ihm in ihrer Eifersucht auf Emilia einen Dolch aus, mit dem er Appiani und sie rächen und den Prinzen niederstechen solle. Nach einigem Hin und Her verzichtet Odoardo darauf und sucht das Gespräch mit Marinelli und dem Prinzen. Sie „verhandeln" über Emilias Schicksal und ihren weiteren Verbleib: Der Prinz möchte sie in seiner Nähe in der Residenz behalten und Odoardo kann dem nichts entgegensetzen.

Bei einer abschließenden Begegnung bittet Emilia ihren Vater, sie zu töten – aus Angst, den Verführungskünsten des Prinzen tatsächlich zu erliegen, wie sie sagt. Odoardo zögert zunächst, doch als ihm Emilia das Beispiel des römischen Virginius vor Augen hält, der ebenfalls seine Tochter erstochen hat (s. auch S. 82), tötet er sie vor den Augen des Prinzen. Der Prinz reagiert zwar entsetzt, schiebt aber alle Verantwortung auf Marinelli.

Die Personenkonstellation

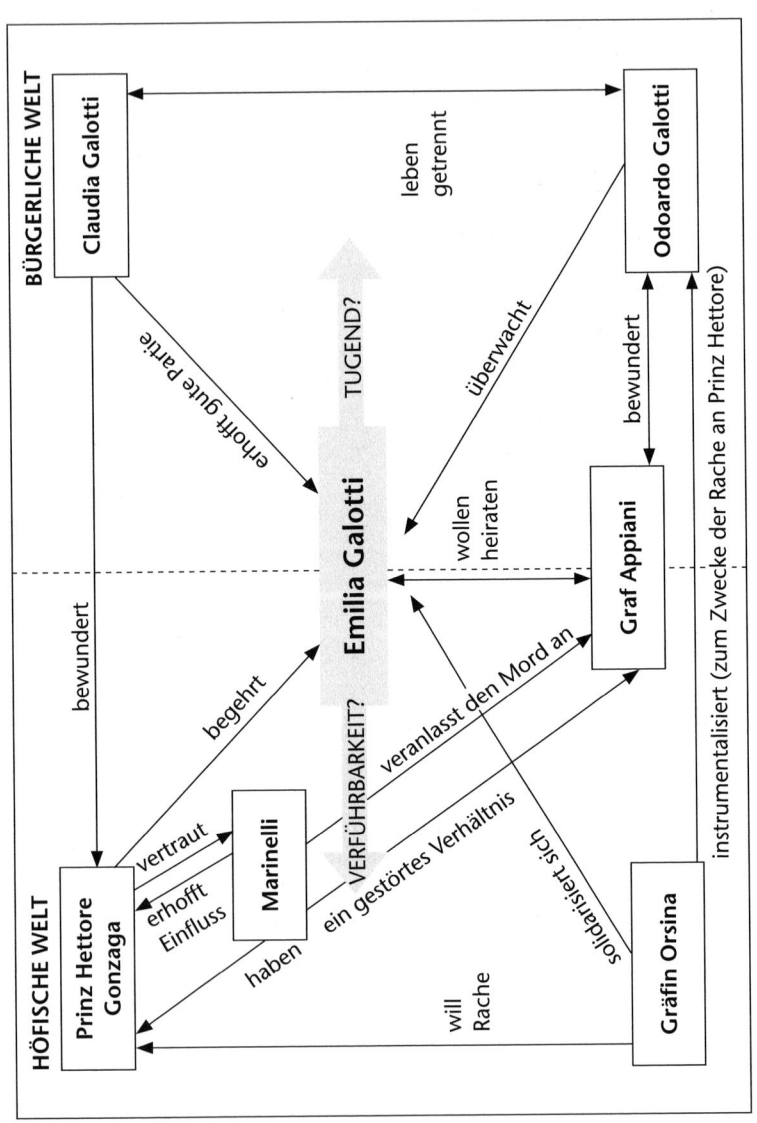

Inhalt, Aufbau und erste Deutungsansätze

Erster Aufzug, erster Auftritt

Der erste Akt spielt am frühen Morgen im Arbeitszimmer des Prinzen: Am Schreibtisch arbeitet er Klagen und Bittschriften (vgl. S. 7, Z. 2f.) durch. Eine der Bittstellerinnen heißt Emilia, was ihn sofort an Emilia Galotti denken lässt, eine Offizierstochter, in die er zwar leidenschaftlich, aber angesichts ihrer Verlobung mit dem Grafen Appiani ohne Aussicht auf eine Beziehung verliebt ist. Emilia Bruneschis Ansuchen findet Gewährung – allein des Namens wegen (vgl. S. 7, Z. 11). Ein Brief der Gräfin Orsina, seiner „abgelegten" Mätresse[1], wird hingegen in großer Verachtung ungelesen beiseitegelegt (vgl. S. 8, Z. 8f.). Ihre Anwesenheit in der Stadt ist dem Prinzen höchst unangenehm, ja sogar hinderlich. Für eine Ausfahrt fordert der Prinz seinen Kammerherrn, Marchese[2] Marinelli, an (vgl. S. 7, Z. 16f.), dem im weiteren Verlauf des Stücks als „Strippenzieher" des gesamten Ränkespiels eine entscheidende Bedeutung im Ensemble der Figuren zukommen wird.

Ausgangssituation des Dramas

Die Welt des Hofes erscheint zu Beginn des Stücks in einem desolaten Zustand. Das Gewaltmonopol, hier konkretisiert im Begnadigungsrecht sowie im institutionalisierten Mätressenwesen, liegt beim Prinzen. Die enorme Zahl der Klagen und Bittschriften zeigt, dass es mit Hettores Fürstentum nicht zum Besten bestellt ist. Symptomatisch für den moralischen Verfall steht Hettores sorgloser Umgang mit Mätressen.

Die desolate Welt des Hofes

---

[1] Mätresse: Geliebte eines Fürsten oder einer anderen hochgestellten Persönlichkeit

[2] Marchese: italienischer Adelstitel, dem deutschen Markgrafen ähnlich

Regierungspflich-
ten in Konflikt
mit subjektiver
Befindlichkeit

Als oberster Repräsentant der feudalen Ordnung begegnet der Prinz dem Zuschauer von Beginn an als derart von seinen Gefühlen besetzt (vgl. S. 7, Z. 20f.), dass seine Regierungspflichten in Konflikt mit seiner subjektiven Befindlichkeit treten: Unkonzentriert trifft er irrationale Entscheidungen. Ein Name genügt, um ihn völlig aus dem Konzept zu bringen. Um geschäftliche Angelegenheiten und innere Gefühle in Einklang bringen zu können, wird kurzerhand und ohne weitere Prüfung die Bittschrift einer Emilia gewährt.

Fazit: extrem
konzentrierte
Exposition

Insgesamt deuten sich in dieser Szene trotz ihrer relativen Kürze bereits wesentliche Aspekte der Dramenhandlung an: Die höfische Welt samt ihrer wichtigsten Repräsentanten wird vorgestellt und auch die entscheidende Triebkraft der weiteren Handlung, die Leidenschaft des Prinzen für Emilia, wird bereits angedeutet. Schon hier werden mit Emilia und Orsina die beiden wichtigsten Frauenfiguren des Stücks in Kontrast zueinander gesetzt. Insofern erfüllt diese Szene die Funktion einer dramatischen Exposition, in der zentrale Beziehungsstrukturen und Konflikte ein erstes Mal anklingen.

Erster Aufzug, zweiter Auftritt

Auftreten des
Hofmalers Conti

Der Hofmaler Conti erscheint auf der Bühne. Es entspinnt sich ein Dialog mit dem Prinzen über die Rolle der Kunst bei Hofe, der in Szene I,4 seine Fortsetzung findet.

Conti kündigt an, zwei Porträts mitgebracht zu haben: eines, das die Gräfin Orsina zeige und seinerzeit vom Prinzen in Auftrag gegeben wurde, und ein zweites, das das Bildnis einer unbekannten Schönheit ziere (vgl. S. 8, Z. 27ff.). Er tritt ab, um die beiden Werke zu holen.

Fazit: der Prinz
als Mäzen

Der Prinz zeigt sich in dieser Szene als ein begeisterungsfähiger Mäzen[1], der bereit ist, jeden Preis für ein Kunstwerk

---

[1] Mäzen: finanzieller Gönner von Künstlern

zu zahlen (vgl. S. 8, Z. 20 f.). Sein Hof bietet Künstlern materielle und schöpferische Entfaltungsmöglichkeiten, jedoch muss ein Künstler, der überleben will, auch auf Gelderwerb bedacht sein und demzufolge Auftragsarbeiten abliefern (vgl. S. 8, Z. 21 f.). Diese Worte klingen wie ein Selbstzeugnis Lessings, der zur Zeit der Entstehung des Werks eine Hungerexistenz als Hofbibliothekar des Braunschweiger Herzogs in Wolfenbüttel fristete.

Erster Aufzug, dritter Auftritt

Der Prinz bleibt allein zurück und reflektiert sein Gefühlsleben: Er gesteht, dass ihn das Bild Orsinas zwar an vergangene glückliche Tage erinnere (vgl. S. 9, Z. 19 ff.), er jedoch schlichtweg sein Interesse an ihr verloren habe. Am Ende des Monologs deutet der Prinz eine neue Verliebtheit an, die ihn in lodernde Wallung versetzt (vgl. S. 9, Z. 22 f.), wovon auch seine aufgeregte Sprechweise zeugt (vgl. z. B. S. 9, Z. 21 ff.).

Die Gefühlslage des Prinzen

Insgesamt wirkt der Monolog des Prinzen wie ein kurzes retardierendes Moment, das die Handlung hinauszögert. Denn längst ahnt der Zuschauer, dass es sich bei dem Objekt seiner Begierde nur um die in Szene I,1 erwähnte Emilia Galotti handeln kann. Bevor der Zuschauer sie zunächst auf einem Gemälde und später auf der Bühne direkt kennenlernt, findet die kontrastive Gestaltung der beiden Frauenfiguren Orsina und Emilia im Monolog des Prinzen eine Fortsetzung.

Fazit: retardierendes Moment

Erster Aufzug, vierter Auftritt

Conti überbringt dem Prinzen zunächst das Gemälde von Orsina, das der Auftraggeber für „unendlich geschmeichelt" (S. 10, Z. 6 f.) hält. Der Maler verteidigt sich damit, dass die Kunst ja ein wenig schmeicheln müsse, um dem Ideal der Natur gerecht zu werden. Der Prinz listet im Gegenzug all die Details auf, die er im Abbild der Gräfin als

Kritik an der beschönigenden Darstellung der Gräfin Orsina

beschönigt erkennen will, von ihrer „stolze[n], höhnische[n] Miene" (S. 10, Z. 30) bis hin zu ihren „großen, hervorragenden, stieren, starren Medusenaugen" (S. 11, Z. 9f.). Leicht verärgert erkennt Conti, dass hinter der Kritik an seinem Werk etwas anderes steckt: Der Prinz betrachtet das Werk offenbar nicht mehr im Zustand der Verliebtheit (vgl. S. 11, Z. 17ff.).

Der Anspruch des Prinzen auf Vollkommenheit

Zunächst skeptisch, ob das zweite Bild Contis seinen inneren Vorstellungen vom Ideal der Schönheit würde gerecht werden (vgl. S. 11, Z. 27ff.), lässt sich der Prinz doch noch zur Betrachtung des zweiten Werks herab. Angesichts der dargestellten Person – es ist Emilia Galotti! – zeigt er sich sichtlich überrascht (vgl. S. 12, Z. 6f.). Er hat sie vor kurzem auf einer Abendgesellschaft kennengelernt und einige Male während des Besuchs von Gottesdiensten gesehen (vgl. S. 12, Z. 11ff.).

Lob und Bewunderung für das Bildnis Emilias

Anders als Orsinas Porträt findet dieses Bildnis die höchste Anerkennung des Prinzen, da es ein wahres Abbild der Naturschönheit Emilias sei (vgl. S. 12, Z. 20). Angesichts der Faszination des Prinzen für das zweite Werk (oder vielmehr für die dargestellte Person) gerät auch Conti ins Schwärmen über seine eigene Malkunst (vgl. S. 12, Z. 25ff.) und über die Schönheit Emilias (vgl. S. 13, Z. 15ff.). Da er die wahren Hintergründe für die Schwärmerei des Prinzen durchschaut (vgl. S. 13, Z. 9f.), versucht sich dieser schnell wieder zu fassen: Er erwirbt eine Kopie des Porträts von Emilia, das ihr Vater in Auftrag gegeben hatte, und fordert Conti auf, das Porträt von Orsina wieder mitzunehmen, um es rahmen zu lassen. Außerdem kündigt er an, ersteres Gemälde in seinen privaten Gemächern aufzuhängen, letzteres Gemälde öffentlich zur Schau stellen zu wollen. Conti, vom Kunstmäzen reich entlohnt, ahnt, dass die Begeisterung des Prinzen eher der leibhaftigen Emilia als ihrem Abbild gilt (vgl. S. 14, Z. 19f.) – ein Vorwurf, den der Prinz am Ende der Szene kaum mehr zu entkräften vermag.

Das Fachgespräch des Prinzen mit Conti über die Kunst, das in Szene I,2 beginnt, findet hier seine Fortsetzung. Nun geht es vor allem um Naturschönes und Kunstschönes, um das Verhältnis von Bild und Abbild. Dabei wirkt die widersprüchliche Argumentation des Prinzen wie eine Rechtfertigung seines Gefühlslebens: Erst behauptet er, Malerei produziere den schönen ästhetischen Schein und daher werde der stolze Charakter Orsinas beschönigt. Völlig anders hingegen argumentiert der Prinz bei der Betrachtung des Porträts von Emilia: Ihre Schönheit sei im Bildnis „wie aus dem Spiegel gestohlen" (S. 12, Z. 20) und komme seinem Ideal gleich (vgl. S. 11, Z. 28 f.).

Kunstdiskussion: Kunstschönes und Naturschönes

Das Gespräch über die beiden Porträts erweist sich als ein geschickter Schachzug Lessings: Es gelingt ihm so, die beiden weiblichen Hauptfiguren in indirekter Charakterisierung einander gegenüberzustellen. Einander gegenüber treten eine Natur- und Charakterschönheit, ein „Engel" (S. 12, Z. 8), und eine stolze, höhnische Person mit verkehrtem Charakter, eine „Medus[e]" (S. 11, Z. 9), deren Blick der griechischen Sage nach versteinert. Emilias naive Unschuld wird ebenso angedeutet wie Orsinas geistige Qualitäten als aufgeklärte Figur.

Fazit: kontrastive Figurengestaltung

Erster Aufzug, fünfter Auftritt

Wieder allein verfällt der Prinz bei der Betrachtung des soeben erworbenen Bildes der Offizierstochter in laute Schwärmerei: Er möchte nun Emilia selbst – ebenso wie gerade das Bildnis – „kaufen" (vgl. S. 14, Z. 28), ja sie „besitzen" (vgl. S. 14, Z. 26) – auch gegen den Willen ihres Vaters. Dieser ist bereits als Gegenspieler des Prinzen charakterisiert, da er dem Hofe gegenüber eine distanzierte Haltung habe (vgl. S. 12, Z. 15 ff.).

Emilia als käufliches Objekt

Dieser Monolog des Prinzen schließt in einer Art Zusammenfassung der momentanen Gefühlslage des Prinzen das Gespräch mit Conti ab und ist ganz in der Sprache des

Fazit: Fehlen von Moral

Frauenporträts im Vergleich: Bildnisse von Orsina und Emilia

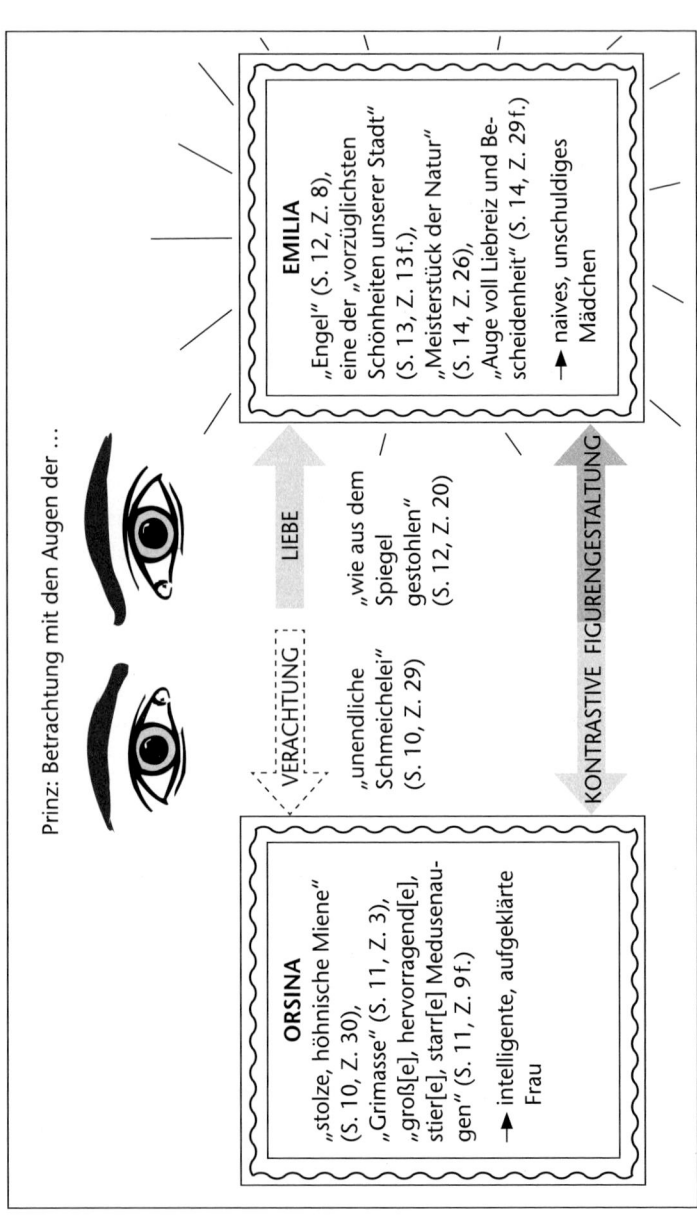

Prinz: Betrachtung mit den Augen der …

LIEBE

VERACHTUNG

„wie aus dem Spiegel gestohlen" (S. 12, Z. 20)

„unendliche Schmeichelei" (S. 10, Z. 29)

KONTRASTIVE FIGURENGESTALTUNG

EMILIA

„Engel" (S. 12, Z. 8),
eine der „vorzüglichsten Schönheiten unserer Stadt" (S. 13, Z. 13 f.),
„Meisterstück der Natur" (S. 14, Z. 26),
„Auge voll Liebreiz und Bescheidenheit" (S. 14, Z. 29 f.)

→ naives, unschuldiges Mädchen

ORSINA

„stolze, höhnische Miene" (S. 10, Z. 30),
„Grimasse" (S. 11, Z. 3),
„groß[e], hervorragend[e], stier[e], starr[e] Medusenaugen" (S. 11, Z. 9 f.)

→ intelligente, aufgeklärte Frau

Gefühls (z. B. Ellipsen, Ausrufe, Anreden an wechselnde Adressaten) gehalten. Er zeigt den Prinzen, der in Emilia nichts anderes sieht als ein käufliches Objekt, bar jeglichen Moralverständnisses.

Erster Aufzug, sechster Auftritt

Ist der Prinz soeben noch in schwärmerischer Hochstimmung, wechselt seine Gefühlslage mit dem Auftreten seines Kammerherrn Marinelli spürbar: Ein vorsichtigerer Tonfall bestimmt nun seine Rede, da er seine innere Befindlichkeit gegenüber seinem Bediensteten (noch) nicht zu offenbaren gewillt ist.

Stimmungswandel beim Prinzen

Es entspinnt sich zunächst ein Gespräch über Orsina, mit der der Prinz – angeblich wegen seiner bevorstehenden Vermählung mit der Prinzessin von Massa, einer Heirat aus politischem Kalkül (vgl. S. 15, Z. 28 f.) – brechen will. Marinelli durchschaut jedoch diesen Vorwand und ahnt, dass eine „neu[e] Geliebt[e]" (S. 16, Z. 5) der Grund für den plötzlichen Gesinnungswandel des Prinzen sein könnte. Beide Gesprächspartner kommen darin überein, dass Orsina eine „Närrin" (S. 16, Z. 8, „närrisch", Z. 23) und in ihrer Zerrissenheit zwischen Melancholie und Übermut (vgl. S. 16, Z. 14 ff.) quasi nicht mehr zurechnungsfähig sei. Zudem disqualifiziere sie sich durch ihr Interesse an Büchern (vgl. S. 16, Z. 16 ff.) – eine Aussage, die als Zeichen adeliger Arroganz gegenüber bürgerlichen Werten (hier: Bildung) verstanden werden kann.

Diffamierung Orsinas

Man wechselt das Gesprächsthema: Marinelli bringt die bevorstehende Vermählung des bei Hofe nicht gern gesehenen Grafen Appiani mit einem „Mädchen ohne Vermögen und ohne Rang" (S. 16, Z. 36) aufs Tableau. Erst nachdem er den Prinzen bewusst lange hingehalten hat, gibt Marinelli ihren Namen preis: Es ist Emilia Galotti. Völlig aus der Fassung gebracht gesteht der Prinz seinem Kammerherrn, dieses Mädchen zu lieben und anzubeten, und fügt gleichzei-

Die bevorstehende Vermählung Emilias mit Appiani

tig den Vorwurf hinzu, dass Marinelli dies doch längst gewusst habe (vgl. S. 18, Z. 32 ff.). Dieser Vorwurf wird von Marinelli entschieden zurückgewiesen und allein damit gelingt es ihm, das Vertrauen des Prinzen zu erschleichen.

Steigende Handlung: Marinelli als „Retter" in der Liebesnot Denn auf der Suche nach einem „Retter" (vgl. S. 19, Z. 34) in der Liebesnot vertraut sich der Prinz nun unbedacht Marinelli an und erteilt ihm uneingeschränkte Handlungsvollmacht (vgl. S. 20, Z. 20 ff.): Alles, was die Heirat noch abwenden kann, ist dem Prinzen recht. Damit kommt die Handlung in Gang, ein erstes erregendes Moment ist vorhanden: Die Tatsache, dass der Prinz seinem Kammerherrn die Handlungsinitiative überlässt, muss unweigerlich in die Katastrophe münden.

„Blankoscheck" für Marinelli Aus seiner Warte betrachtet, benutzt der Prinz zwar Marinelli als Werkzeug seiner Begehrlichkeiten. Welche Gefahren jedoch sein „Blankoscheck" für Marinelli in sich birgt, begreift er in diesem Moment noch nicht. Denn der Prinz ordnet alles seinem Wunsch unter, Emilia zu „besitzen" – und sich dabei die „abgelegte" Mätresse Orsina vom Leibe zu halten.

Marinellis Plan Marinelli plant, Appiani aus dem Weg zu räumen und ihn als Boten wegen der Vermählung des Prinzen nach Massa zu schicken, und zwar noch am selben Tage. Sollte dieser Plan nicht aufgehen, hat Marinelli durchaus noch anderes im Sinn, um den Grafen zu „entfernen" (S. 20, Z. 28), was sich in seinen Worten „so denk ich – " (S. 20, Z. 28) andeutet.

Verkehrung von Herrschaft und Hörigkeit Schon im ersten Gespräch mit seinem Prinzen wird deutlich, dass Marinelli die Techniken der psychologischen Manipulation spielerisch beherrscht, wobei der Prinz in seiner Gefühlsduselei für Marinelli natürlich ein leichtes „Opfer" ist. Dieser erscheint als schwacher Charakter, mit dem der Zuschauer nahezu Mitleid empfinden muss, da er seinem persönlichen Berater völlig ausgeliefert ist. Damit wird aus Herrschaft Hörigkeit (vgl. „stoß mir den Dolch ins Herz", S. 18, Z. 18) und aus Dienstbarkeit Herrschaft (vgl. „freie Hand lassen", S. 20, Z. 20).

Als Triebkraft für Marinellis Handeln kann sein unbedingter Wunsch, sich der Freundschaft seines Herrn gewiss sein zu können, ausgemacht werden (vgl. S. 18, Z. 35 ff., S. 19, Z. 17 ff.). Dieser Wunsch nach Freundschaft darf jedoch nicht als eine positive Regung missdeutet werden, sondern er spiegelt vielmehr das Streben des Höflings nach Annäherung an den Thron wider. Der Prinz selbst weiß: „O ein Fürst hat keinen Freund! kann keinen Freund haben!" (S. 19, Z. 1 f.). Eine Erkenntnis, die sich im Verlauf des Stücks bestätigen wird.

Marinellis Streben nach Einfluss

Anders als für den Prinzen, der sich als Zentrum des Hofes ein – wie Marinelli es nennt – „Missbündnis" (S. 17, Z. 19) mit Emilia leisten kann, ist die Bürgerstochter für Marinelli nur ein „Mädchen ohne Vermögen und ohne Rang" (S. 16, Z. 36). Er qualifiziert sie ab als „War[e]" (S. 19, Z. 38), die man aus zweiter Hand (vgl. S. 20, Z. 1 f.) – sprich: als bereits verheiratete Frau – noch günstiger (vgl. S. 20, Z. 3) haben könne. Durch die Wahl dieser Metapher („Ware") und dadurch, dass er Emilias Qualitäten wie Schönheit, Tugendhaftigkeit, Gefühl und Verstand (vgl. S. 17, Z. 1 ff.) nur herunterspielt, reduziert Marinelli Emilia auf den sexuellen Bereich und bringt damit die höfischen Vorstellungen von Moral ungeschminkt zum Ausdruck.

Marinellis Menschenbild: Abqualifizierung Emilias als „Ware"

Marinelli erweist sich bereits bei seinem ersten Auftritt als der Typ Höfling, der korrupt und skrupellos handelt. Der Zweck heiligt für ihn offenbar die Mittel, er scheint zu allem fähig. Und tatsächlich: Drohung, Betrug, Überfall, Mord – zu all diesen Mitteln wird er im Verlauf des Dramas noch greifen.

Fazit: Einführung Marinellis

Erster Aufzug, siebter Auftritt

In diesem Monolog sinniert der Prinz über das Gespräch mit Marinelli nach und beschließt, sich nicht allein auf diesen verlassen zu wollen, sondern selbst aktiv zu werden (vgl. S. 21, Z. 10 ff.). Daher plant er recht unüberlegt und

Eigeninitiative des Prinzen

von seinen Gefühlen übermannt, Emilia Galotti beim Kirchgang anzusprechen und auf diesem Wege für sich zu gewinnen. Dieses „Gespräch" mit Emilia wird dem Zuschauer zwar vorenthalten, in Szene II,6 berichtet sie jedoch ihrer Mutter davon.

Fazit: Weg in die Katastrophe

Das Verhängnisvolle des Vorhabens des Prinzen liegt darin, dass es nicht mit Marinelli abgesprochen ist und daher in die Katastrophe münden muss. Denn der Prinz „verrät" sich und sein Interesse an Emilia Galotti sozusagen durch sein öffentliches Liebesgeständnis und wird später des Anschlags auf Appiani verdächtigt.

Erster Aufzug, achter Auftritt

Rahmen mit der Eingangsszene

Diese letzte Szene des ersten Akts bildet insofern einen Rahmen mit der Eingangsszene des Stücks, als hier erneut deutlich wird, dass die subjektiven Befindlichkeiten des Prinzen in Konflikt mit seinen Regierungspflichten stehen. Hier wird gezeigt, dass der Prinz sogar bereit wäre, über Leichen zu gehen, nur um seinen Plan von der Eroberung Emilias so rasch wie möglich ausführen zu können.

Camillo Rota, ein bürgerlicher Rat, betritt die Szene und legt dem Prinzen ein Todesurteil zur Unterschrift vor. Dieser fühlt sich durch die Staatsgeschäfte gestört und ist ohne jegliches Abwägen bereit, das Todesurteil auszusprechen (vgl. S. 22, Z. 14). Entsetzt unterläuft Rota die affektgesteuerte Entscheidung des Prinzen und lässt das Dokument mit einer Notlüge bis auf Weiteres verschwinden.

Notlüge im Namen der Humanität

Diese Notlüge steht im Dienste der Humanität. Mit ihr führt Lessing dem überwiegend adeligen Publikum seine eigene Lebenswelt vor Augen, in der der Mensch als Person in seiner individuellen Würde keinen Wert darstellt. Im Vergleich zu Marinelli, dem es um Macht und Karriere geht, ist Rota ein Mann der Pflichterfüllung (vgl. S. 22, Z. 11), der Unrecht listenreich abwendet und sich für Gerechtigkeit den Untertanen gegenüber einsetzt.

Camillo Rota und Marinelli – ein Vergleich

CAMILLO ROTA		MARINELLI
bürgerlicher Rat	**Stellung bei Hofe**	Kammerherr
Berater in Rechts-angelegenheiten	**Verhältnis zum Prinzen**	vertrauter Informant
Pflichterfüllung	**Triebkraft des Handelns**	persönlicher Machtzuwachs
Ehrlichkeit, Not-Lüge	**Handlungsweise**	Lüge, Intrige, Mord
Einsatz für Gerechtig-keit und Humanität ⇒ <u>altruistisches</u> Denken und Handeln	**FAZIT**	Macht- und Karrie-restreben als Lebens-inhalt ⇒ <u>egoistisches</u> Denken und Handeln

Auffällig an das Ende des ersten Aktes platziert, kommentiert Lessing mit dieser Szene, die funktional eher unwichtig ist, noch einmal die Vorstellungen des Adels und leitet über zur nächsten Szene, in der sogleich das Bürgertum mit seinen dazu konträren Moralvorstellungen vorgeführt wird. Kommentierung adeliger Moralvorstellungen

Der erste Akt präsentiert die Welt des Hofes als amoralisch und dekadent. Von der Titelfigur Emilia Galotti, die der bürgerlichen Welt zugeordnet werden muss, ist häufig die Rede, ihr Charakter bleibt durch verschiedene Andeutungen noch bewusst diffus. Der Expositionscharakter des ersten Akts zeigt sich vor allem darin, dass wesentliche Konflikte (Hof – Bürgertum, Prinz – Marinelli, Prinz – Odoardo/Appiani, Prinz – Orsina) eingeführt werden. Fazit: Expositionscharakter des ersten Akts

Zweiter Aufzug, erster und zweiter Auftritt

Während der erste Akt im Kabinett des Prinzen spielt, dem Ort politischer Entscheidungen, wechselt der Schauplatz nun ins Stadthaus der Familie Galotti. Schauplatz-wechsel

Gespräch der
Eltern über Emilia
Odoardo, der aus prinzipieller Abneigung gegen das Stadtleben und als eine Form der Gesellschaftskritik das Landleben vorzieht, stattet seiner Familie einen Überraschungsbesuch ab, um den Stand der häuslichen Hochzeitsvorbereitungen zu überprüfen. Claudia, seine Gattin, ist angenehm überrascht (vgl. S. 23, Z. 10 f.), die gemeinsame Tochter Emilia trifft Odoardo allerdings nicht an, da sie sich gerade in der Messe göttlichen Beistand erbittet für diesen wichtigen Tag in ihrem Leben (vgl. S. 23, Z. 19 ff.). Odoardo gerät in große Sorge um seine Tochter und wirft seiner Gattin vor, sie unbegleitet in die Messe gelassen zu haben: Ein „Fehltritt" (S. 23, Z. 25) sei zu befürchten. Gemeint sein könnte eine mögliche Verführbarkeit Emilias durch den Prinzen, wie der Zuschauer ahnt.

Beziehungen innerhalb der Familie Galotti

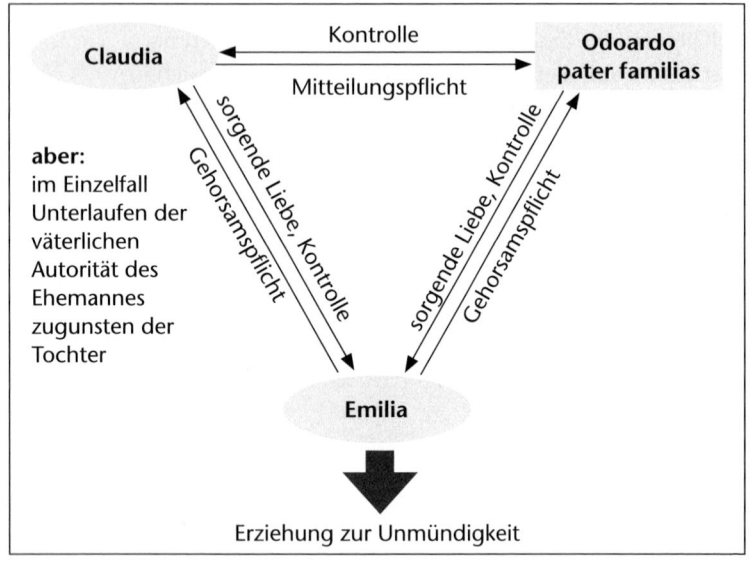

Erziehung zur Unmündigkeit

Odoardo als pater
familias
Diese Szene fungiert als knappe Exposition der Familienstruktur im Hause Galotti: Odoardo ist der autoritäre pater

familias[1], der Frau und Kind penibel überwacht und offen kritisiert. Er erscheint nicht nur unangemeldet, sondern neigt auch zu raschen Verdächtigungen und Pauschalurteilen. Claudia fühlt sich kontrolliert und bemüht sich ihrerseits, den Argwohn ihres Mannes zu besänftigen.

Die Spannungskurve strebt ihrem Höhepunkt entgegen: Denn der Zuschauer kennt die beiden voneinander unabhängigen Pläne Marinellis und des Prinzen (vgl. Szene I,6 bzw. I,7) und nun beherrscht auch noch Odoardo in höchster Sorge um seine Tochter die Szene. Die Andeutung „Einer ist genug zu einem Fehltritt! –" (S. 23, Z. 25) ist ein weiterer Hinweis auf die drohende Katastrophe.

Fazit: Spannungssteigerung

Zweiter Aufzug, dritter Auftritt

Mit Angelo, einem für vogelfrei erklärten Banditen, und Pirro, einem Bediensteten der Galottis, betreten zwei Schurken die Bühne, die in der Vergangenheit einen gemeinsamen Raubüberfall durchgeführt haben. Angelo verlangt von Pirro auch diesmal „Unterstützung": Er horcht ihn über die bevorstehende Hochzeit zwischen Emilia und Appiani aus, vor allem aber schwört er ihn darauf ein, nicht einzugreifen, sollte die Hochzeitskutsche des Ehepaars Appiani „zufällig" überfallen werden (vgl. S. 26, Z. 16f.). Pirro willigt trotz anfänglichen Widerstrebens ein.

Erkaufte Mörder

Auch diese Szene hat einen klaren Vorausdeutungscharakter: Die käuflichen Mörder, die von Marinelli beauftragt sein müssen, wie sich in Szene III,2 explizit herausstellt, sprechen offen von einem „Verbrechen" (S. 26, Z. 14). Nun ist klar, was sich in Marinellis Worten „so denk ich –" (S. 20, Z. 28) angedeutet hatte. Offenbar interpretiert Marinelli den Auftrag des Prinzen sehr eigenmächtig – aber er hat ja „freie Hand" (S. 20, Z. 20)!

Fazit: Mitteilung der verdeckten Handlung

---

[1] pater familias: Familienoberhaupt

Zweiter Aufzug, vierter Auftritt

Gespräch über Appiani

Das in Szene II,2 begonnene Gespräch des Ehepaars Galotti findet seine Fortsetzung: Während die beiden auf Emilia warten, sprechen sie über die bevorstehende Verbindung ihrer Tochter mit dem Grafen Appiani. Odoardo ist sehr angetan von seinem zukünftigen Schwiegersohn und hat große Hochachtung vor dessen Entschluss, fernab vom Hofe ein unabhängiges Leben zu führen (vgl. S. 27, Z. 2 f.), um nicht „dienen" zu müssen, sondern „selbst befehlen" zu können (S. 27, Z. 35 f.).

Die Problematik der richtigen Erziehung

Claudias Befürchtung, ihre Tochter zu verlieren, wenn das junge Paar künftig außerhalb der Residenzstadt leben wird, nimmt Odoardo zum Anlass, das Stadtleben prinzipiell zu verurteilen. Damit formuliert er einen direkten Angriff gegen Claudia, die seiner Meinung nach vor allem wegen des gesellschaftlichen Umfeldes das Stadtleben vorziehe, weniger um der Tochter eine ordentliche Erziehung angedeihen zu lassen. Claudia geht es dabei, wie ihr Odoardo vorwirft, in erster Linie um Äußerlichkeiten: Sie selbst hält sich gerne im Dunstkreis des Adels auf und erachtet daher auch eine Erziehung in der Stadt für notwendig (vgl. S. 27, Z. 10 ff.). Ihr Mann hingegen zieht in Sorge um seine Tochter das Land vor, da nur fernab vom Fürstenhof ihre Tugend aufrechterhalten werden könne (vgl. S. 27, Z. 27 ff.).

Claudias „Geständnis"

Im nächsten Gesprächsabschnitt spitzt sich die Spannung zwischen den Eheleuten deutlich zu. Odoardos Stimmung schlägt unverhohlen in Zorn um, als Claudia ihrem Mann recht begeistert davon berichtet, dass der Prinz bei einer Abendgesellschaft Gefallen an Emilia gefunden habe (vgl. S. 28, Z. 3 ff.). Völlig in Rage zieht Odoardo von dannen, ohne Emilia selbst gesehen zu haben. Er befürchtet, andernfalls durch noch heftigere Vorwürfe gegen Claudia die Stimmung des Hochzeitstages zu trüben.

Odoardos Blindheit für die Gefahr

Obgleich er die Tragweite dieses ersten Kontakts seiner Tochter mit dem Prinzen klar erkennt, erweist sich auch

Odoardo als blind für die heranziehende Gefahr. Durch sein energisches Verhalten wird jedoch deutlich, dass ihn die Vorstellung eines „wollüstigen" Angriffs auf seine Tochter zu allem fähig machen würde (vgl. S. 28, Z. 22 ff.) – eine weitere Vorausdeutung auf das tragische Ende des Dramas.

Odoardo nimmt während des Gesprächs in zunehmender Emotionalität eine Vorwurfshaltung ein, die sich in Argwohn bis hin zu cholerischen Zügen äußert. Claudia hingegen versucht immer wieder, Odoardo zu beschwichtigen und den Konflikt zu entschärfen, womit sie kläglich scheitert, da sich Odoardo am Ende sogar persönlich verletzt und hintergangen fühlt. Durch seine überstürzte Abreise bricht er eigenmächtig das Gespräch ab und entzieht sich damit einer vernünftigen Klärung des Problems.

Während Odoardo den Prinzen als „Wollüstling" (S. 28, Z. 23) bezeichnet und das Hofleben grundsätzlich als dekadent und amoralisch charakterisiert, empfindet er für seinen künftigen Schwiegersohn Appiani große Bewunderung. In diesem nämlich konkretisieren sich – trotz seiner Zugehörigkeit zur Welt des Adels – seine eigenen Idealvorstellungen bürgerlichen Lebens. Entscheidend ist für Appiani wie für Odoardo der Wunsch, „sich selbst zu leben" (S. 27, Z. 3), sprich eine autonome Existenz außerhalb des Hofes zu führen. Diese eigensinnige Auffassung, dass nur der Rückzug aus der Gesellschaft die Basis für eine moralische Lebensführung sein könne (vgl. S. 27, Z. 25 ff.), teilt Odoardo mit Appiani. Sie führt aber auch unweigerlich dazu, dass Odoardo Konfliktlösungen nur im familiären Bereich anstrebt und später eine offene Auseinandersetzung mit dem Prinzen um seine Tochter meidet.

Mit diesem Dialog positioniert sich Odoardo somit einerseits als Gegenspieler des Prinzen, andererseits auch als klarer Vertreter bürgerlicher Wertvorstellungen.

Odoardos Vorwürfe, Claudias Beschwichtigungen

Odoardos Bewunderung für Appiani

Fazit: Odoardos Position

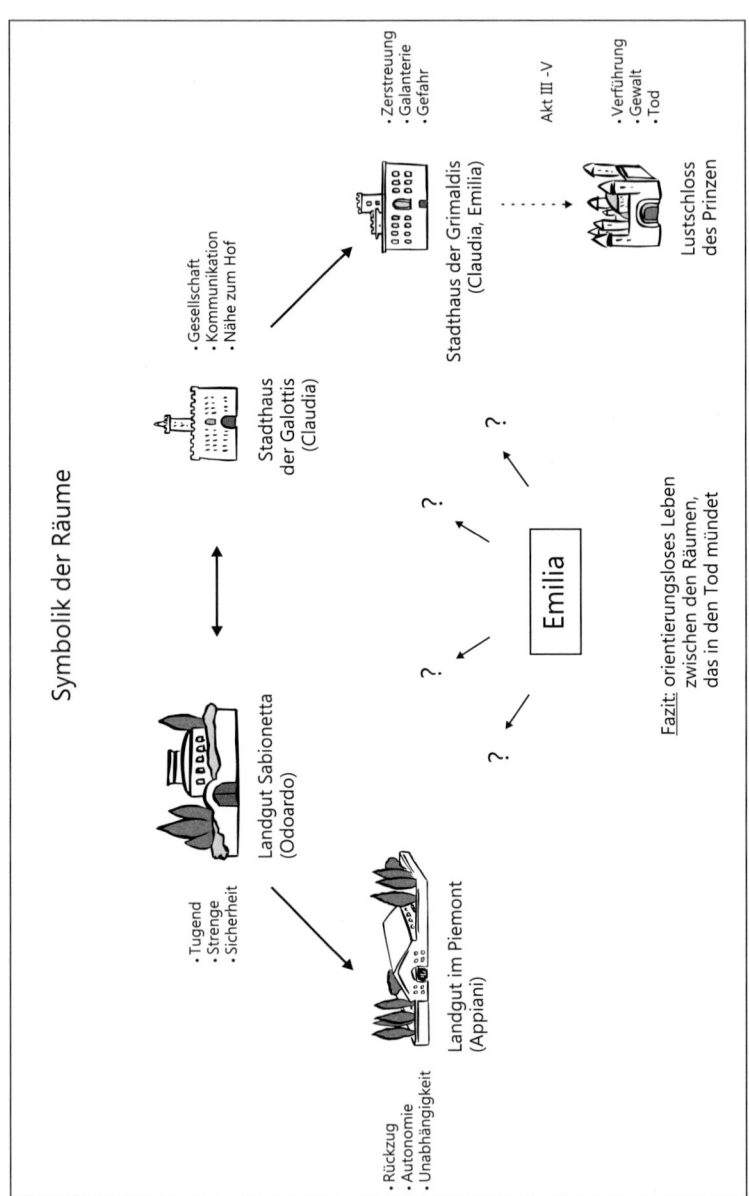

Symbolik der Räume

• Tugend
• Strenge
• Sicherheit

Landgut Sabionetta
(Odoardo)

• Rückzug
• Autonomie
• Unabhängigkeit

Landgut im Piemont
(Appiani)

Stadthaus
der Galotti
(Claudia)

• Gesellschaft
• Kommunikation
• Nähe zum Hof

• Zerstreuung
• Galanterie
• Gefahr

Stadthaus der Grimaldis
(Claudia, Emilia)

Akt III – V

• Verführung
• Gewalt
• Tod

Lustschloss
des Prinzen

?

?

?

?

Emilia

Fazit: orientierungsloses Leben
zwischen den Räumen,
das in den Tod mündet

Zweiter Aufzug, fünfter Auftritt

Der folgende Monolog zeigt auch Claudia in zunehmender Sorge um ihre Tochter, die immer noch nicht erschienen ist. In ihrer Kritik am Argwohn und am kontrollierenden Verhalten Odoardos (vgl. S. 28, Z. 30ff.) gerät ihre Sorge um Emilia jedoch in den Hintergrund. Auch sie erweist sich somit als blind gegenüber der aufziehenden Gefahr.

Claudias Blindheit für die Gefahr

Bildnisse von Emilia vor ihrem ersten Auftritt

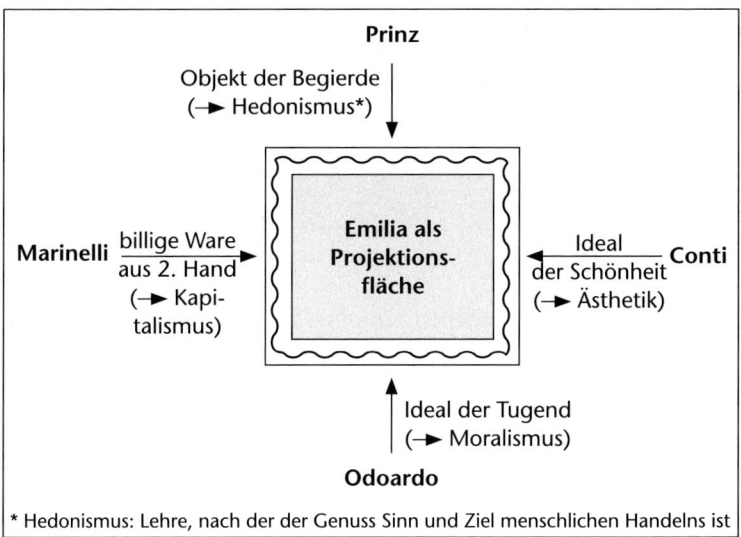

Prinz

Objekt der Begierde (→ Hedonismus*)

Marinelli — billige Ware aus 2. Hand (→ Kapitalismus)

Emilia als Projektionsfläche

Ideal der Schönheit (→ Ästhetik) — Conti

Ideal der Tugend (→ Moralismus)

Odoardo

* Hedonismus: Lehre, nach der der Genuss Sinn und Ziel menschlichen Handelns ist

Zweiter Aufzug, sechster Auftritt

Es ist der erste Auftritt Emilias, und zwar ein fulminanter! In äußerster Erregung stürzt sie herein und berichtet ihrer Mutter auf deren Nachfragen hin Folgendes: In der Messe habe ein Mann dicht hinter ihr Platz genommen und mit beschwörenden Worten ihre Andacht gestört, indem er von Schönheit und Liebe gesprochen (vgl. S. 30, Z. 13f.) und sie damit völlig aus dem Konzept gebracht habe. Erst

Emilias erster Auftritt

Emilia und ihre Mutter (Staatstheater Wiesbaden 2011)

beim Hinausgehen habe sie gewagt, sich umzudrehen, und in dem Mann den Prinzen erkannt.

Claudias Erleichterung angesichts Odoardos Abwesenheit

Claudia reagiert anfangs sehr überrascht, ist jedoch vor allem erleichtert, dass Odoardo nicht mehr zugegen ist (vgl. S. 30, Z. 31 ff.). Denn sie müsste befürchten, dass er Emilia und auch sie selbst für dieses Zusammentreffen verantwortlich machen würde (vgl. S. 31, Z. 1 f.).

Emilias Bericht vom Zusammentreffen mit dem Prinzen

Emilia berichtet weiter, dass der Prinz ihr gefolgt sei und im Vorraum der Kirche sogar ihre Hand ergriffen habe. Um die Umstehenden nicht auf den Vorfall aufmerksam zu machen, habe sich Emilia unauffällig auf ein Gespräch mit dem Prinzen eingelassen, dessen Inhalt sie jedoch in ihrer Verwirrung nicht mehr wiedergeben könne (vgl. S. 31, Z. 13 ff.). Diese Amnesie[1] lässt deutlich werden, dass sich Emilia des übermächtigen Eindrucks des Prinzen zu erweh-

---

[1] Amnesie: Fehlen von Erinnerung, Gedächtnisschwund

ren versucht, indem sie genauere Details der Begegnung mit ihm ins Unterbewusste verdrängt. Endlich sei es ihr dann gelungen, sich aus den Fängen des Prinzen zu befreien, doch noch im elterlichen Haus fühlt sie sich vom Prinzen verfolgt.

Claudia gelingt es, Emilia zu beschwichtigen. Schließlich werde sie heute heiraten und entgehe damit allen weiteren Nachstellungen (vgl. S. 31, Z. 33 ff.). Zudem widersetzt sie sich vehement Emilias Vorhaben, Appiani von dem Vorfall zu erzählen (vgl. S. 32, Z. 3 ff.). Zunächst noch widerstrebend, beugt sich Emilia schließlich der mütterlichen Autorität, da Claudia eine gute Erklärung für Emilias innere Erregung parat hat: Sie sei die „Sprache der Galanterie[1]" (S. 32, Z. 33) einfach nicht gewöhnt. Insgesamt glaubt Claudia wohl an ein echtes Interesse des Prinzen an ihrer Tochter und sieht in diesem Vorfall ihr eigenes Streben nach Sozialprestige befriedigt.

Claudias mütterlicher Rat

Ausgerechnet am Tag der Hochzeit fühlt Emilia so etwas wie Interesse für einen anderen Mann – das ausgerechnet in einem Gotteshaus und ausgerechnet für den Mann, der die Verwerflichkeit geradezu verkörpert! Vor diesem Hintergrund wird das direkte Zusammentreffen von höfischer und bürgerlicher Welt diesmal aus der Perspektive Emilias geschildert. Sie erlebt die Ansprache des Prinzen als den Angriff eines anonymen Aggressors, den sie mehrfach mit „es" bezeichnet (S. 30, Z. 13 ff., vgl. auch Z. 4 „etwas"). „Es" dringt mit voller Wucht in ihren eng umgrenzten Bereich ein und bringt sie völlig aus dem Konzept. Sie ist einerseits voller Ehrfurcht vor dem Prinzen und fühlt sich durch seine Annäherungsversuche geschmeichelt, andererseits aber sieht sie sich dem Machthaber und seiner Verfügungsgewalt auch hilflos ausgeliefert.

Der Prinz als Aggressor

---

[1] Sprache der Galanterie: Sprache der übertriebenen Höflichkeit in der feudalen Gesellschaft

Emilias Monolog über die Begegnung mit dem Prinzen (Szene II,6, S. 30): Das „Es" als Aggressor

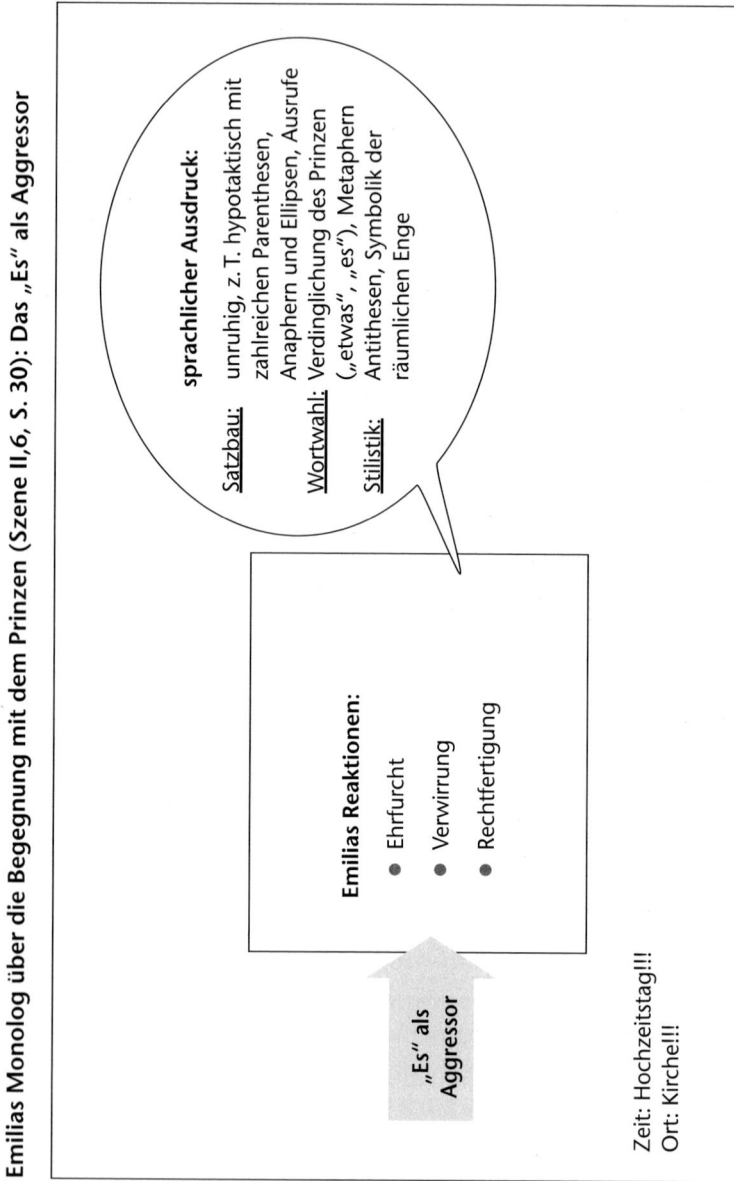

sprachlicher Ausdruck:

Satzbau: unruhig, z. T. hypotaktisch mit zahlreichen Parenthesen, Anaphern und Ellipsen, Ausrufe

Wortwahl: Verdinglichung des Prinzen („etwas", „es"), Metaphern

Stilistik: Antithesen, Symbolik der räumlichen Enge

Emilias Reaktionen:

● Ehrfurcht

● Verwirrung

● Rechtfertigung

„Es" als Aggressor

Zeit: Hochzeitstag!!!
Ort: Kirche!!!

Vor dem Hintergrund der verinnerlichten Tugendideale der bürgerlichen Sphäre und angesichts der Tatsache, dass die Vermählung mit Appiani unmittelbar bevorsteht, fühlt sich Emilia mehrfach schuldig: So kann man den viel diskutierten Ausspruch Emilias „Und sündigen wollen auch sündigen" (S. 29, Z. 29) als Beleg für ihre mögliche Verführbarkeit und ihr Gedankenspiel, sich mit dem Prinzen einzulassen, ansehen. Auch befürchtet sie, Mitschuld an der brisanten Situation in der Kirche zu tragen (vgl. S. 29, Z. 32 f.). Hinzu kommt, dass sie gegenüber Appiani ein schlechtes Gewissen hat, schließlich ist er ihr Verlobter. Sie möchte ihm sogar von dem Vorfall berichten – ungeachtet dessen, was das „Geständnis" auslösen könnte.

Fazit: Emilias Schuldübernahme

Zweiter Aufzug, siebter Auftritt

Appiani betritt nun die Szene, in sehr ernster Stimmung und in zurückhaltender Ehrfurcht vor seiner Verlobten Emilia. Erst als man auf Odoardo zu sprechen kommt, lockert sich sein Tonfall etwas und er gerät ins Schwärmen über das „Muster aller männlichen Tugend" (S. 33, Z. 25). Fast entsteht der Eindruck, er wolle die Ehe mit Emilia vor allem darum eingehen, um seinem Vorbild Odoardo näher zu sein.

Appianis Zurückhaltung

Claudia macht Appiani darauf aufmerksam, dass ihre Tochter sich noch für die Trauung zurechtmachen müsse (vgl. S. 34, Z. 14 f.). Emilia bemerkt in diesem Zusammenhang, dass sie auf Schmuck verzichten wolle. So habe sie davon geträumt, dass sich die Edelsteine zu Perlen verwandelten – „Perlen bedeuten Tränen" (S. 34, Z. 30). Um diesem schlechten Omen zu entgehen, werde sie sich ganz schlicht kleiden und das Haar lediglich mit einer Rose verziert offen tragen (vgl. S. 35, Z. 9 ff.). Dieser Traum von den Edelsteinen, die sich zu Perlen/Tränen verwandeln, ist eine Vorausdeutung auf den unglücklichen Dramenausgang. Auch die Rose, hier noch ein Symbol des Lebens (vgl. S. 35, Z. 15),

Symbolik: Perlen und Rose als schlechte Vorzeichen

wird später ein Symbol des Untergangs: Im Sterben nämlich wird Emilia selbst das Bild der Rose verwenden, um
ihre eigene Situation zu verdeutlichen: „Eine Rose gebrochen, ehe der Sturm sie entblättert" (S. 85, Z. 3). Trotz
dieser negativen Vorzeichen beschließt gemeinsame Vor-
freude auf die Hochzeit die Szene.

Appianis Charakter

Appiani zeigt in dieser Szene bei allem melancholischen
Tiefsinn (vgl. S. 33, Z. 6) und aller empfindsamer Schwermut (vgl. S. 34, Z. 35) vor allem wahrhaft „odoardische"
Charakterzüge, denn die ihn charakterisierenden Worte
erinnern stark an die Beschreibung seines künftigen
Schwiegervaters: „[I]mmer edel" (S. 33, 27) zu sein und
eine „fromme Frau" (S. 34, Z. 9) zu haben, das sind Appianis Vorstellungen von einem tugendhaften Leben. Seine
gestelzte und starre Wortwahl steht dabei in völligem Kontrast zu Emilias Natürlichkeit und Offenheit.

Fazit: Scheitern der Beziehung ...

Mit diesem widersprüchlichen Verhalten – Beherrschtheit
und Verzicht auf zärtliche Gefühle für Emilia einerseits und
melancholischem Tiefsinn andererseits – ist das Scheitern
ihrer Verbindung vorprogrammiert. Kein Wunder, dass
Emilia sich in Appianis Gegenwart nicht wohlfühlt und ihr
echte Emotionen bei ihrem Zukünftigen fehlen (vgl. S. 33,
Z. 10 ff.), zumal man sich des Eindrucks nicht erwehren
kann, ihm gehe es weniger um Emilia als um ihren Vater.
Indirekt wird damit natürlich auch die These von der Verführbarkeit Emilias gestützt.

... und des Beziehungsmodells

Mit dem Scheitern der Beziehung der beiden scheitert
auch ihr Beziehungsmodell, die Ehe eines Adeligen mit einer Bürgerstochter: Trotz aller „bürgerlichen" Charakterzüge Appianis zerbricht es nicht nur an inneren Widersprü-
chen. Möglicherweise könnte es auch Lessings Absicht
sein, ein Scheitern an der gesellschaftlichen Realität nahe-
zulegen (vgl. u. a. die Sticheleien Marinellis, S. 39, Z. 3 ff.).

Zweiter Aufzug, achter Auftritt

Im Gespräch mit Claudia zeigt sich Appiani in einer unbestimmten Vorahnung und voller Sorge, es könnte sich vor seiner Hochzeit noch etwas zwischen ihn und Emilia stellen (vgl. S. 35, Z. 29 ff.). Claudias Befürchtung, die Verbindung mit Emilia könnte ihn reuen (vgl. S. 35, Z. 24 f.), kann er zerstreuen. Doch sie bleibt in Sorge, da Appiani auf das Drängen seiner Freunde hin den Prinzen von seiner Hochzeit mit Emilia unterrichten will (vgl. S. 36, Z. 8 ff.).

Appianis Vorahnung und Claudias Befürchtung

Zweiter Aufzug, neunter und zehnter Auftritt

Überraschend erscheint Marchese Marinelli im Hause Galotti und erbittet ein Vieraugengespräch mit Appiani: Der Graf solle, so der Auftrag des Prinzen, als diplomatischer Gesandter nach Massa reisen, und zwar wegen seiner Vermählung mit der Tochter des Herzogs (vgl. S. 37, Z. 7 ff.). Der Zuschauer weiß diesen Auftrag einzuordnen: Marinelli beabsichtigt, seinem Herrn den Weg zu Emilia frei zu machen.

Der Auftrag Marinellis

Während Marinelli in seiner Taktiererei Appiani wiederholt seiner und des Prinzen Freundschaft versichert, reagiert dieser mit Befremdung und Zurückhaltung. Schließlich weist Appiani die Freundschaft mit Marinelli offen zurück (vgl. S. 37, Z. 23 ff.), nicht aber den Auftrag des Prinzen. Als er jedoch hört, dass er unverzüglich abreisen müsse (vgl. S. 37, Z. 36), ändert er seinen Entschluss, da er ja noch am selben Tag heiraten werde (vgl. S. 38, Z. 15 f.).

Appianis Ablehnung

Marinelli beginnt zu drohen und von einem „Befehl" (S. 38, Z. 25) zu sprechen, doch Appiani widersetzt sich vehement, da er sich nicht als Untertan des Prinzen versteht, sondern als „Vasall[1] eines größern Herrn" (S. 38, Z. 30 f.) – eine Entschuldigung, die Marinelli nicht gelten lassen will. Das Streitgespräch spitzt sich noch weiter zu, als Marinelli über Appianis Braut und die nicht standesgemäße Verbindung

Zuspitzung des Gesprächs: Streitgespräch

---

[1] Vasall: Gefolgsmann

Appianis mit einer Bürgerlichen zu spötteln beginnt (vgl. S. 39, Z. 4 ff.) und ihn aus dem Affekt heraus sogar zum Duell herausfordert (vgl. S. 39, Z. 23 f.). Appiani steigt sofort darauf ein und nur unter dem Vorwand, Appiani den Hochzeitstag nicht verderben zu wollen (vgl. S. 39, Z. 26 ff.), kann Marinelli dem Duell in letzter Minute noch entkommen.

Appianis Motive für die Ablehnung

Am Ende lehnt Appiani den Auftrag des Prinzen zwar ab, doch zunächst stimmt er seinem Ansinnen zu und unterwirft sich somit der Verfügungsgewalt des absolutistischen Fürsten (vgl. S. 37, Z. 15 ff.). Als es jedoch zu einem Widerspruch mit seinem persönlichen – selbstbestimmten – Lebensentwurf kommt, widersetzt er sich: Er sieht den Auftrag durchaus als ehrenvoll an, will sich aber nicht höfischen Zwängen aussetzen, da er im Gegensatz zu Marinelli nicht auf den Hof angewiesen ist (vgl. S. 38, Z. 27 ff.).

Appiani und Marinelli als Gegenspieler

Im 10. Auftritt treffen zwei direkte Gegenspieler in all ihrer Gegensätzlichkeit aufeinander: der „verbürgerlichte" Adelige Appiani und der Höfling Marinelli.

Appianis Distanz zu Marinelli zeigt sich in seinen knappen und eher abfälligen Bemerkungen (z. B. S. 37, Z. 1 ff.), die deutlich werden lassen, dass er sich als Geburtsadeliger dem „Höfling" überlegen fühlt. Marinelli hingegen, der sich in erster Linie über sein Verhältnis zum Prinzen definiert (vgl. S. 37, Z. 18 ff.; 26 ff.), nähert sich Appiani zunächst als „Freund", jedoch als ein falscher Freund. Als sein Plan nicht aufgeht, verzichtet er auf alle Höflichkeiten und zeigt sein wahres Gesicht, was in seiner im Affekt ausgesprochenen Duellforderung gipfelt.

Fazit: Drängen zur Lösung

Die offene Zurückweisung des Auftrags des Prinzen lässt erwarten, dass Marinelli von der „freien Hand", die ihm der Prinz gegeben hat (vgl. Szene I,6), Gebrauch machen wird. Sein Intrigenplan ist zunächst gescheitert und es bleibt nur noch die gewaltsame Lösung, die der Zuschauer nun gespannt erwartet.

Graf Appiani zwischen zwei Welten

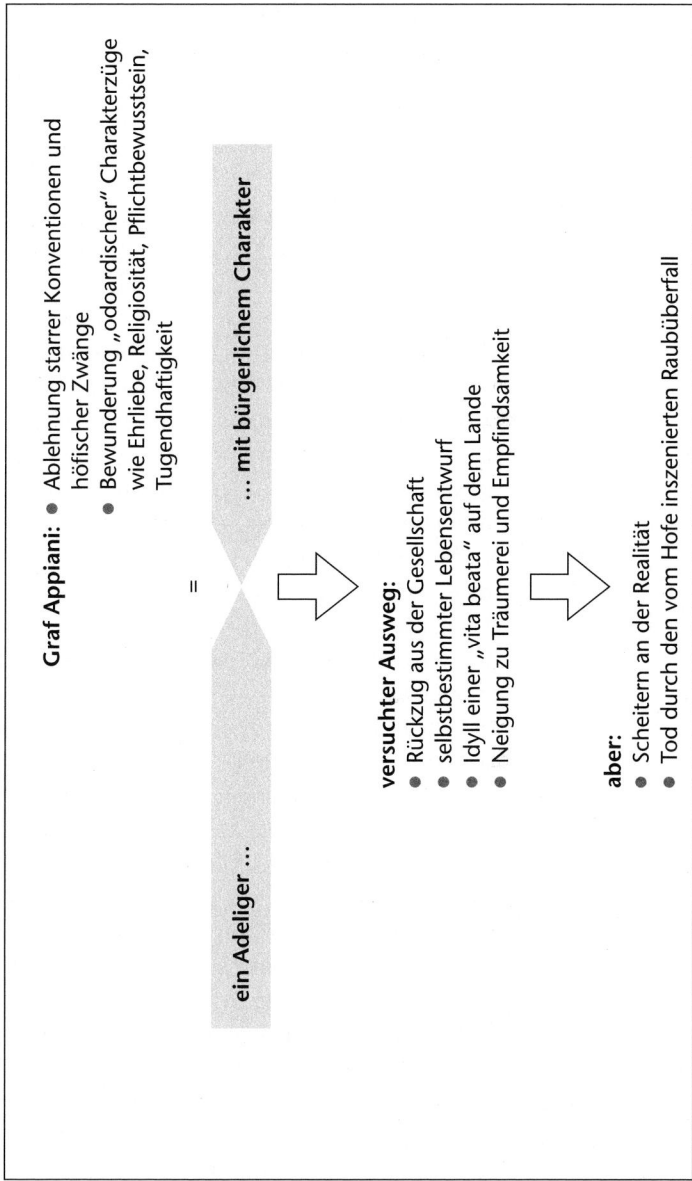

ein Adeliger ...

Graf Appiani:
- Ablehnung starrer Konventionen und höfischer Zwänge
- Bewunderung „odoardischer" Charakterzüge wie Ehrliebe, Religiosität, Pflichtbewusstsein, Tugendhaftigkeit

=

... mit bürgerlichem Charakter

versuchter Ausweg:
- Rückzug aus der Gesellschaft
- selbstbestimmter Lebensentwurf
- Idyll einer „vita beata" auf dem Lande
- Neigung zu Träumerei und Empfindsamkeit

aber:
- Scheitern an der Realität
- Tod durch den vom Hofe inszenierten Raubüberfall

Zweiter Aufzug, elfter Auftritt

Appianis Emotionen

Offenbar nimmt Appiani die Auseinandersetzung mit Marinelli so ernst, dass sein Blut „in Wallung" (S. 40, Z. 2) gerät. Es treten somit Emotionen zutage, wie er sie beim Aufeinandertreffen mit seiner Braut keineswegs gezeigt hat (vgl. Szene II,7).

Sprachlosigkeit zwischen den Figuren

Gegenüber Claudia, die den Wortwechsel zwischen dem Grafen und Marinelli aus der Ferne verfolgt hat, versichert Appiani, sie könne ganz ruhig sein, alles verlaufe nach Plan. Die Selbstbeherrschung Appianis in der Gegenwart von Claudia führt dazu, dass diese nichts von dem Auftrag des Prinzen erfährt – Appiani im Übrigen ebenso wenig von den Nachstellungen des Prinzen. Damit bleiben alle Bedrohten blind für die aufziehende Gefahr.

Fazit: Exposition des Bürgertums und dramatische Zuspitzung

Akt II hat insofern noch eine expositorische Funktion, als hier nun – im Gegensatz zu Akt I – die Welt des Bürgertums mitsamt aller wichtiger Figuren vorgestellt wird.

Zum anderen erfährt die Handlung hier bereits ihre dramatische Zuspitzung. In pausenloser Abfolge reihen sich die Handlungsschritte aneinander, der Konflikt spitzt sich zu und drängt zur Lösung.

Dritter Aufzug, erster Auftritt

Scheitern der ersten Intrige

Mit Beginn des III. Aktes wechselt der Schauplatz ins Lustschloss des Prinzen. Dort trifft Marinelli auf seinen Herrn, um ihm vom Scheitern seiner Mission bei Appiani zu berichten (vgl. S. 41, Z. 1 f.). Um seine Einsatzbereitschaft zu demonstrieren, gibt Marinelli an, sogar sein Leben aufs Spiel gesetzt zu haben, indem er einem Duell mit dem Grafen nur knapp entkommen sei (vgl. S. 41, Z. 12 ff.).

Enttäuschung des Prinzen

Der Prinz reagiert hingegen nicht nur enttäuscht, da er den „Besitz" Emilias in weite Ferne gerückt sieht, sondern zieht Marinellis grundsätzliche Handlungsbereitschaft in Zweifel (vgl. z. B. S. 41, Z. 22). Zudem nimmt er dessen klägliches Versagen zum Anlass für Hohn und Spott (vgl. z. B. S. 42, Z. 10, 17 f.).

Beziehung der Figuren zum Hofe des Prinzen

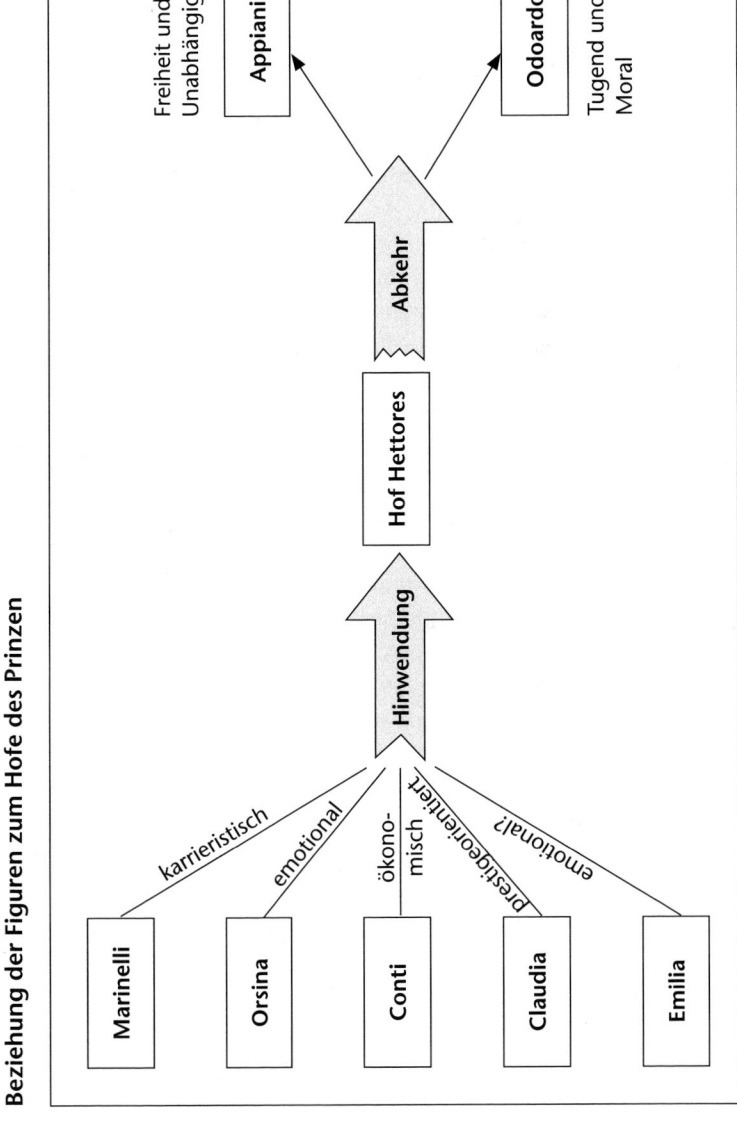

Planung und ... Als er Marinelli verabschiedet, deutet dieser an, „das Unmögliche versuchen" (S. 42, Z. 24) zu wollen, sprich eine gewaltsame Lösung in Betracht zu ziehen. Der Prinz nimmt den angedeuteten „Ersatzplan" Marinellis anfangs nicht sonderlich ernst. Eine gewaltsame Entführung wäre zu offensichtlich (vgl. S. 42, Z. 28 ff.). Auch als Marinelli ihn dahingehend belehrt, dass seine Intrige natürlich listig verkleidet sei, und er zudem ankündigt, dass sich „Unglücksfälle dabei ereignen" (S. 43, Z. 2) könnten, zweifelt der Prinz noch an der Durchführbarkeit des Plans (vgl. S. 43, Z. 3 f.).

... Durchführung einer zweiten Intrige Erst als aus der Ferne Schüsse ertönen und es offensichtlich ist, dass der vorgetäuschte Überfall auf die Hochzeitskutsche des Grafen längst vollzogen wird (vgl. S. 43, Z. 5 ff.), wandelt sich Hettores Gesinnung: Unruhe macht sich in ihm breit. Marinelli weiht den Prinzen nun nachträglich in seinen Plan ein (vgl. S. 43, Z. 18 ff.), was diesen ganz „bang" macht (vgl. S. 43, Z. 31). Als ein Maskierter sich nähert, entfernt sich der Prinz auf Geheiß seines Kammerherrn.

Teichoskopie Lessing verwendet in dieser Szene ein bewährtes Mittel der Dramentechnik, die sogenannte „Teichoskopie" (griech. „Mauerschau"). Ereignisse, die auf der Bühne schwer darstellbar sind (hier: der Überfall auf die Kutsche samt der Ermordung Appianis und der gewaltsamen Entführung Emilias), werden den Schauspielern und dem Publikum von einem Beobachter auf der Bühne (hier: Marinelli am Fenster, vgl. S. 43, Z. 31 f.) berichtet. Im Gegensatz zum sogenannten „Botenbericht" holt die Teichoskopie *gleichzeitig* stattfindende Geschehnisse in wirksamer Spannung in die Bühnenhandlung herein.

Der Prinz in Marinellis Hand Erst sehr spät merkt der Prinz, dass sich sein Bündnis mit Marinelli bereits verselbstständigt hat. Er selbst ist nicht mehr Herr der Lage, sondern den Ränken seines Kammerherrn hilflos ausgeliefert. Als Marinelli auf den Schuss in der Ferne hin nur knapp anmerkt „Kurz: wovon ich gesprochen, geschieht" (S. 43, Z. 13), ist dem Prinzen klar, dass die Handlung bereits in vollem Gange ist und ihm Handlungsinitiative und Entscheidungsfreiheit vollständig entglitten sind. Er ist völlig perplex. Seine „Bangigkeit" (S. 43, Z. 31) legt nahe, dass er sehr wohl weiß, dass die Verantwortlichkeit für das Geschehen dennoch bei ihm liegt.

So gesehen wird der Prinz zum Opfer der sich zur Gewalt verselbstständigenden Intrige: Das Verhältnis von Herrscher und Höfling verkehrt sich. Im Vergleich mit Szene I,6 ist eine Steigerung hinsichtlich der Manipulierbarkeit des Prinzen festzustellen: Marinelli spielt perfekt mit den Gefühlen des Prinzen und übernimmt die Handlungsinitiative.

Fazit: Handlungsinitiative bei Marinelli

Dritter Aufzug, zweiter Auftritt

Angelo, einer der erkauften Auftragsmörder (vgl. Szene II,3), kommt, um Marinelli von dem Überfall auf die Kutsche Bericht zu erstatten und den versprochenen Lohn einzufordern. Er berichtet von „Verlust[en] auf beiden Seiten" (S. 45, Z. 6): Appiani sei wohl auf einen Kampf eingestellt gewesen und habe daher überraschenderweise einen der Banditen getötet (vgl. S. 45, Z. 4f.). Angelo selbst sei es dann wiederum gelungen, den Grafen zu verwunden. Zwar sei dieser noch am Leben, doch müsse man davon ausgehen, dass er den Transport in die Stadt nicht überleben werde (vgl. S. 45, Z. 14ff.). Emilia werde verabredungsgemäß auf das Lustschloss des Prinzen gebracht (vgl. S. 44, Z. 24).

Bericht von Appianis schwerer Verwundung

Aufgrund der Tatsache, dass Appiani noch nicht vollends „erledigt" ist, bleibt Marinelli beunruhigt zurück (vgl. S. 45, Z. 28ff.). Er beschließt, den Prinzen über Appianis Schicksal vorerst im Unklaren zu lassen (vgl. S. 45, Z. 33ff.).

Die radikale Gewalttat, die aus Angelos Worten spricht, offenbart nicht nur das spezifische Machtprinzip der feudalen Klasse, sondern vor allem Marinellis eigene Unerschrockenheit: Der Wert einer Person bedeutet ihm nichts. Jetzt

Fazit: Marinellis Unerschrockenheit

ist nach den zahlreichen Andeutungen in den vorangehenden Szenen (vgl. z. B. S. 43, Z. 2) klar, dass er sprichwörtlich über Leichen geht, um seine Ziele zu verwirklichen.

Dritter Aufzug, dritter Auftritt

Marinellis Blindheit für die Folgen seines Tuns

Der Prinz und Marinelli treffen erneut aufeinander und beobachten Emilia, wie sie in dem Glauben, sich vor Räubern zu retten, zum Schloss eilt. Die Zweifel des Prinzen, ob Emilia nicht bald Verdacht schöpfen werde (vgl. S. 46, Z. 3 ff.), kann Marinelli nicht wirklich zerstreuen (vgl. S. 46, Z. 10 ff.). Es wird klar, dass Marinelli seinen Plan nicht zu Ende gedacht hat, da er die Folgen des Geschehens nicht überblickt. Daher appelliert er an den Prinzen, auch auf seine eigenen Verführungskünste zu vertrauen, um die Eroberung Emilias voranzutreiben (vgl. S. 46, Z. 19 f.).

Eine zweite Version von dem Treffen in der Kirche

Der Prinz greift dieses Stichwort auf und berichtet niedergeschlagen von seinem fehlgeschlagenen Versuch, mit Emilia am Morgen in der Messe in Kontakt zu treten (vgl. S. 46, Z. 22 ff.). Seine Aussagen sind insofern fehlerhaft oder zumindest nicht ganz deckungsgleich mit Emilias Schilderung in Szene II,6, als er sie als gänzlich „[s]tumm" (S. 46, Z. 25) bezeichnet. Emilia hingegen hatte ihrer Mutter mitgeteilt, auf die Zudringlichkeiten des Prinzen geantwortet zu haben (vgl. S. 31, Z. 18 f.). Möglicherweise ist dies auch eine Fehlaussage Emilias, die mit ihrer emotionalen Erregung während der Begegnung mit dem Prinzen begründet werden könnte. In seiner momentanen Verfassung sieht sich der Prinz jedenfalls nicht dazu imstande, Emilia zu empfangen: Feigheit und schlechtes Gewissen hindern ihn daran (vgl. S. 46, Z. 28 ff.).

Dritter Aufzug, vierter Auftritt

Emilias Sehnsucht nach familiärem Schutz

Als Emilia auf Schloss Dosalo eintrifft, zeigt sie gegenüber Battista, einem Bediensteten, zunächst Dankbarkeit angesichts ihrer Rettung vor den Räubern (vgl. S. 47, Z. 7 f.).

Dann jedoch bemerkt sie, dass sie ganz allein ist, ohne Bräutigam und Mutter, und beschließt, sofort kehrtzumachen, um sich zu vergewissern, dass keiner von beiden bei dem Überfall sein Leben lassen musste (vgl. S. 47, Z. 16 ff.). Schon jetzt spürt Emilia ihr Ausgeliefertsein bei Hofe und sehnt sich nach dem familiären Schutz.

In diesem Augenblickt tritt Marinelli hinzu, scheinbar zufällig. Er redet sich um Kopf und Kragen, indem er Emilia gegenüber bezüglich des Überfalls auf die Kutsche zunächst von einem „Unglück" spricht, sich zu „Glück" verbessert und sich schließlich in das seltsame Wortspiel „glückliches Unglück" rettet (S. 47, Z. 22 ff.).

Ein „glücklicher" Versprecher

Emilia berichtet dem Kammerherrn des Prinzen von dem Überfall auf ihre Hochzeitskutsche und bringt ihre Sorge um ihre Lieben zum Ausdruck (vgl. S. 47, Z. 26 ff.). Marinelli weiß sie zu beschwichtigen und sendet den Bediensteten Battista aus, um die von Emilia so sehnlich Erwarteten zu suchen (vgl. S. 48, Z. 1 ff.). Wie blind glaubt Emilia seinen Lügen und ist dankbar für Marinellis „Hilfe". Gerade noch kann er Emilia davon abhalten, den Vermissten entgegenzueilen (vgl. S. 48, Z. 12 ff.), denn mit der Erkenntnis Emilias, dass Appiani sein Leben lassen musste, wäre sein Plan endgültig zum Scheitern verurteilt. Ganz nebenbei erfährt Emilia – gerade in dem Moment, als der Prinz auf die Bühne kommt und ins Geschehen eingreift – von dem vermeintlichen Zufall, auf Dosalo, seinem Lustschloss, zu sein.

Marinellis taktisches Verhalten gegenüber Emilia

Vor der ersten direkten Begegnung des Prinzen mit Emilia fungiert diese Szene gleichsam als ein retardierendes Moment zur Spannungssteigerung: Marinelli bereitet das aufgeregte Mädchen auf die Begegnung mit dem Prinzen vor und versucht, sie positiv auf ihn einzustimmen.

Fazit: retardierendes Moment

Dritter Aufzug, fünfter Auftritt

Es kommt zu einer ersten Begegnung des Prinzen mit Emilia auf der Bühne, denn das Aufeinandertreffen in der Kir-

Lüge als Machtinstrument

che war nur indirekt dargestellt worden. Der Machthaber zeigt sich von seiner liebenswürdigsten Seite und auch er – wie soeben Marinelli in Szene III,4 – weiß Emilia mit einer Lüge zu beruhigen: Graf Appiani und ihre Mutter seien schon in der Nähe des Schlosses (vgl. S. 49, Z. 1). Auf die Gegenwart des Prinzen reagiert Emilia völlig hilflos und naiv und sinkt sogar vor dem Prinzen auf die Knie (vgl. S. 49, Z. 17).

Der geübte Verführer Der Prinz wiederum ist nun Herr der Lage, entschuldigt sich wortreich für sein Verhalten in der Messe und bittet Emilia um Verzeihung (vgl. S. 49, Z. 19ff.). Ganz in der Manier des geübten Verführers verleiht er seiner Glückseligkeit über das erneute Zusammentreffen Ausdruck und versichert der Angebeteten seinen uneingeschränkten Respekt (vgl. S. 49, Z. 27ff.).

Die Gewalt der Verführung Gezielt setzt der Prinz seine Überredungskünste ein: Es ist die Macht der Verführung, der „Galanterie" (vgl. Szene II,6, S. 32, Z. 33), der sich Emilia als Bürgermädchen hilflos ausgesetzt sieht. So folgt sie dem Prinzen zwar schweigend, aber etwas widerwillig (vgl. S. 50, Z. 5) an einen Ort, „wo Entzückungen [...] warten" (S. 50, Z. 3f.) – in seine Privatgemächer.

Fazit: Dosalo als Ort der Verführung Damit gewinnt Dosalo, das Lustschloss, seine eigentliche Bedeutung: Als Ort der weltlichen Freuden symbolisiert es den Einflussbereich des Prinzen und ist für Emilia ein Ort der Sünde, wo sie Gefahr läuft, fern jeglichen familiären Beistandes der Verführung zu erliegen.

Dritter Aufzug, sechster Auftritt

Marinellis Menschenverachtung Auf die Meldung hin, dass Emilias Mutter sich dem Schloss nähere, überlegt Marinelli aufgeregt, was zu tun sei. Er beschließt, sie nicht abzuweisen (vgl. S. 50, Z. 26ff.). Seine brutale Äußerung, Claudia werde schon aufhören zu schreien, wenn sie nicht mehr könne (vgl. S. 50, Z. 32f.), zeigt den menschenverachtenden Zynismus, der Marinelli zu eigen ist. Er hofft zudem darauf, Claudia für eine Liebesbeziehung ihrer Tochter mit dem Prinzen gewinnen zu können, da es ihr bestimmt schmeicheln werde, „Schwiegermutter eines Prinzen zu sein" (S. 50, Z. 35 f.).

Dritter Aufzug, siebter Auftritt

Battista führt Claudia zu Marinelli und kümmert sich seinerseits darum, Schaulustige, die von dem Überfall Kunde bekommen haben, des Schlosses zu verweisen. Damit wird erstmals das Volk als Partner der Unterdrückten erwähnt. Allerdings wird seine Kraft mit der Abweisung an der Schlosspforte zerstört, noch ehe sie wirklich aufkeimen kann.

Das „aufständische" Volk?

Dritter Aufzug, achter Auftritt

Claudia erkennt in Marinelli die Person, die Appiani in ihrem Hause am Morgen derart aus dem Gleichgewicht gebracht hatte (vgl. Szene II,10). Außerdem sei sein Name, wie sie als Augenzeugin zu berichten weiß, das letzte Wort des sterbenden Grafen gewesen (vgl. S. 52, Z. 7 f.), gesprochen „mit einem [seltsamen] Tone" (S. 52, Z. 16, vgl. Z. 22 f.). So kombiniert sie richtig und enttarnt Marinelli als Strippenzieher einer Intrige gegen den Grafen: Nicht Räuber, sondern Mörder seien es gewesen, die ihn niedergestreckt hätten (vgl. S. 52, Z. 24 ff.).

Claudias Durchschauen der Intrige

Marinelli sieht sich zunehmend in der Defensive. Aber er glaubt immer noch, Claudia beschwichtigen zu können, indem er ihr versichert, dass sich der Prinz selbst „[m]it der zärtlichsten Sorgfalt" (S. 52, Z. 38) um ihre Tochter kümmere.

Marinellis Fehleinschätzung

Claudia jedoch durchschaut das Mordkomplott, benennt Marinelli als den Schuldigen und klagt ihn leidenschaftlich als „Mörder" an (vgl. S. 53, Z. 13 ff.), den sie umso mehr verachtet, da er für das leidenschaftliche Begehren eines anderen gemordet habe. In ihrer lautstarken Anklage ge-

Claudias grenzenlose Verachtung des Höflings

gen Marinelli tritt die Übermacht der Affekte hervor, die besonnenes Handeln unmöglich machen.

Das Bild der Löwin

Damit ist diese Szene auch eine der wichtigsten zur Charakterisierung Claudias: Als Einzige erkennt sie die wahren Zusammenhänge und streift die Blindheit und Naivität ab, die sie bisher gefangen hielten. Sie bezeichnet sich selbst als „Löwin, der man die Jungen geraubt" (S. 53, Z. 25) habe, und scheint zu allem fähig. Mit ihrer urtümlichen Mutterliebe erinnert sie an eine Tragödiengestalt der Epoche des Sturm und Drangs.

Aus dem Nebenzimmer ertönen die Rufe Emilias. Claudia erkennt sofort die Gefahr, in der sich ihre Tochter gerade befindet; sie will ihr sofort zu Hilfe eilen: Eben wie eine Löwin stürzt sie in die hinteren Gemächer (vgl. S. 53, Z. 29 ff.).

Fazit: Ende der Peripetie

Mit dieser Szene findet die Phase des dramatischen Umschwungs (Peripetie) ihr Ende. Aus Zweifel wird Gewissheit: Appiani ist tot (vgl. S. 52, Z. 8) und die Intrige liegt durch Claudias Kombinieren offen zutage. Gleichzeitig kündigen sich weitere Handlungsschritte an: Im Moment der Erkenntnis denkt Claudia an Odoardo und deutet somit bereits die Rache des Vaters an (vgl. S. 53, Z. 5 ff.).

Vierter Aufzug, erster Auftritt

Vorwurf an Marinelli

Der Prinz fordert Aufklärung von Marinelli. Dessen hilflose Aussage, die Gegenwart des Prinzen habe die Mutter Emilias beruhigt (vgl. S. 54, S. 8 ff.), wird sofort als Lüge enttarnt: Als einen „schlechte[n] Beobachter" (S. 54, Z. 12) bezeichnet der Prinz ihn, denn Claudia habe sich ihm selbst gegenüber voller Wut gezeigt (vgl. S. 54, Z. 14) – und das wohl zu Recht, wie der Prinz glaubt. Denn dass Appiani tot ist, hat er von ihr erfahren. Er zieht Marinelli zur Rechenschaft und weist selbst scheinheilig alle Schuld von sich (vgl. S. 54, Z. 25 f.). Damit delegiert der Prinz nicht nur die Tat, sondern auch die Schuld und zeigt erneut, dass er nicht bereit ist zu politisch verantwortungsvollem Handeln.

Ebenso scheinheilig wie der Prinz stellt sein Kammerherr den Tod des Grafen als Folge einer unglücklichen Kette von Zufällen dar (vgl. S. 54, Z. 30ff.). Um den Verdacht einer vorsätzlichen Tötung des Grafen zu zerstreuen, fügt er hinzu, dass er Appianis Tod umso mehr bedaure, als ja mit dem Grafen ein Duell abgesprochen gewesen sei, das nun nicht mehr ausgetragen werden könne (vgl. S. 55, Z. 23ff.). Er sei daher tief in seiner Ehre verletzt. Daraufhin ist der Prinz schnell bereit, die Mär[1] vom Zufall zu glauben (vgl. S. 55, Z. 31ff.). Leichthin wird die Schuld damit äußeren Umständen zugeschrieben.

Erörterung der Schuld: Verantwortung des Zufalls

Dennoch zweifelt der Prinz daran, dass auch andere von diesem Tathergang überzeugt werden können (vgl. S. 56, Z. 3f.). Er befürchtet, selbst als Urheber des Anschlags in Verdacht zu geraten (vgl. S. 56, Z. 8). Marinelli gegenüber formuliert er daher den Vorwurf, dass das Verbrechen nicht heimlich vonstatten gegangen sei (vgl. S. 56, Z. 23f.). Allerdings bekennt er offen, dass er grundsätzlich nicht vor einem „kleine[n] stille[n] Verbrechen" (S. 56, Z. 23) zurückschrecke. Er ist durchaus bereit, eine Mordtat gutzuheißen und unter rein zweckmäßigen Gesichtspunkten zu betrachten (vgl. S. 56, Z. 20f.).

Ein „stilles" Verbrechen

Marinelli reagiert mit äußerster Heftigkeit auf die Ausführungen des Prinzen und lässt den Vorwurf der Unfähigkeit nicht auf sich sitzen. Seiner Meinung nach habe der Prinz durch seinen morgendlichen Kirchgang, der nicht mit ihm abgesprochen war, selbst alles verdorben. Nur dadurch, dass er Emilia offen seine Liebe gestanden habe, falle nun der Verdacht auf ihn (vgl. S. 57, 2ff., 17f.). Der Prinz muss ihm kleinlaut recht geben (vgl. S. 57, Z. 24).

Vorwurf an den Prinzen

---

[1] Mär: Märchen, unverbürgte Nachricht

Während dieser Auseinandersetzung über das tödliche Attentat auf Appiani gerät Marinelli anfangs in eine Verteidigungsposition, doch am Ende ist er es, der seinerseits den Prinzen in die Defensive drängt. Ein wesentlicher Unterschied zwischen den beiden besteht weiterhin darin, dass der Kammerherr seine Gefühle strategisch einsetzt (vgl. z. B. S. 55, Z. 23 ff.), während der Prinz immer noch seinen Gefühlen (und damit den Ränken[1] Marinellis und den sich überstürzenden Ereignissen) ausgeliefert ist.

Vierter Aufzug, zweiter Auftritt

Das Gespräch zwischen dem Prinzen und Marinelli wird durch die überraschende Ankunft der Gräfin Orsina unterbrochen. Der Prinz gerät in heillose Verwirrung und will sich verleugnen lassen. In seiner Angst vor der Aufdeckung aller Zusammenhänge durch Orsina (vgl. S. 58, Z. 4 ff.) wendet er sich flehentlich an Marinelli, bittet um Verzeihung für die eben geäußerten Vorwürfe und erhofft sich von ihm Rettung aus der prekären Lage (vgl. S. 58, Z. 7 ff.). Marinelli verspricht, sich Orsinas anzunehmen und sie selbst abzuweisen (vgl. S. 58, Z. 16 ff.).

Diese Szene wirft erneut Licht auf das Verhältnis der beiden Männer zueinander. In seiner verzweifelten Angst vor dem Auffliegen der Intrige wendet sich der Fürst, eben noch verstimmt über das eigenmächtige Handeln seines Kammerherrn, an Marinelli und bezeichnet ihn nun sogar als seinen „Freund" (S. 58, Z. 8). Damit verbündet er sich infolge seiner augenblicklichen Nützlichkeit wieder mit ihm. Das Los Marinellis besteht also darin, je nach dem Grad seiner Nützlichkeit für den Prinzen mal mehr und mal weniger dessen Freund zu sein.

---

[1] Ränke: üble Pläne, Intrigen

Vierter Aufzug, dritter Auftritt

In dem Glauben, der Prinz erwarte sie auf Dosalo, trifft Orsina zunächst auf Marinelli und wundert sich über den unwürdigen Empfang, der ihr durch die Dienerschaft bereitet wird (vgl. S. 58, 28 ff.). Der Kammerherr nimmt von Anfang an eine Abwehrhaltung ein und schiebt es auf den Zufall, dass der Prinz zwar anwesend, aber eigentlich auf ein Treffen mit Orsina nicht vorbereitet sei (vgl. S. 59, Z. 8 ff.). Die Gräfin beruft sich auf ihren Brief (vgl. Szene I,1) und schöpft sofort Verdacht, als sie aus dem Nebenzimmer deutlich „weibliches Gekreische" (S. 59, Z. 32) vernimmt.

Orsinas Verdacht

Als Orsina vehement zum Prinzen vorzudringen versucht, rückt Marinelli mit der Sprache heraus: Ihren Brief, in dem sie um ein Treffen mit dem Prinzen auf Dosalo gebeten habe, habe der Prinz schlichtweg nicht gelesen – aus „Zerstreuung" (S. 60, Z. 17), wie Marinelli vorgibt. Orsina fühlt sich tief getroffen: Gleichgültigkeit ihr gegenüber sei ein Verhalten, das sie zutiefst verletze (vgl. S. 60, Z. 29 ff.), das Frauenbild, das am Hofe Gültigkeit habe, erfülle sie nicht (vgl. S. 61, Z. 8 ff.) und Marinellis Ausreden und Rechtfertigungen überzeugten sie generell nicht. Die Theorie vom Zufall demaskiert sie als blanken Unsinn (vgl. S. 61, Z. 14 ff. und 27 ff.). Sie entlarvt somit Marinelli als den Strippenzieher der gesamten Intrige gegen sie und verlangt abschließend, den Prinzen in dieser ganzen Angelegenheit bald sprechen zu dürfen (vgl. S. 62, Z. 4 ff.)

Orsinas Aufdeckung der Zusammenhänge

In ihrer Schimpftirade gegen Marinelli kritisiert Orsina das höfische Frauenbild und damit auch das Mätressenwesen deutlich: Gebildete Frauen würden nicht geliebt (vgl. S. 61, Z. 8 ff.). Stattdessen müssten sie stets „lachen" und ihren Herrn „bei guter Laune" halten (S. 61, Z. 12). Dass sie selbst – als eine aufgeklärte Frau – nicht in dieses Rollenklischee passt, weiß Orsina. Der Zuschauer ahnt, dass Emilia Galotti dem höfischen Frauenbild, wie es von Orsina skizziert wird, eher entspricht.

Kritik am höfischen Frauenbild

Spott über Marinelli

Als die Auseinandersetzung mit Marinelli immer schärfer wird, bringt die Gräfin ihre Verachtung gegen seine Person deutlich zum Ausdruck: Voller Spott nennt sie ihn „Gehirnchen" (S. 59, Z. 24), „nachplauderndes Hofmännchen" (S. 60, Z. 31 f.), „Stock" (also einen Menschen ohne Gefühlsregung, S. 61, Z. 23) und zuletzt einen „albernen Sünder" (S. 61, Z. 34). Sie ist es, die Marinellis Verhalten, das auch vorher schon deutlich zutage trat, erstmals explizit benennt.

Orsinas ambivalenter Charakter

Vergleicht man Orsinas Auftreten mit dem Bild, das Conti von ihr gezeichnet hat, und dem Bild, das der Prinz von ihr hat (vgl. Szene I,4), fällt auf, dass sie tatsächlich die starke, stolze Frau ist, die andere in ihr erkennen: Sie erweist sich als eine Frau von analytischem Verstande, die Marinelli deutlich überlegen ist. Nun zeigt sich aber, dass sie auch eine weiche und verletzliche Seite hat. Als sie erfährt, dass der Prinz ihren Brief nicht gelesen hat, reagiert sie mit Tränen (vgl. S. 60, Z. 14 ff.), wie die Regieanweisungen Lessings deutlich werden lassen. Sie fühlt sich tief verletzt und in ihrer Ehre gedemütigt.

Fazit: Orsina als die richtende Stimme der Öffentlichkeit

Interessant ist, dass Lessing die Orsina-Figur erst in die späteren Fassungen von „Emilia Galotti" eingefügt hat; für die Kernhandlung ist sie wenig relevant, aber sie ist indirekt für das Ende wichtig, da sie Odoardo den Dolch aushändigt, mit dem er Emilia tötet. Ihre Erscheinung stellt einen Gegenpol zur dekadenten Welt des Adels dar und mit ihren Worten formuliert sie scharfe Situationsanalysen. Letztlich repräsentiert Orsina die richtende Stimme der Öffentlichkeit – eine Funktion, die im antiken Drama noch der Chor übernommen hatte.

Vierter Aufzug, vierter Auftritt

Unverhohlenes Desinteresse

Der Prinz kommt seinem Kammerherrn in der Auseinandersetzung mit Orsina nun zu Hilfe: Er weist Orsina einfach ab, da er beschäftigt und nicht allein sei (vgl. S. 62,

Z. 14 ff.). Während Marinelli die Gräfin noch höflich abzuweisen versuchte, ist der Prinz sehr direkt und bringt sein Desinteresse an ihr unverhohlen zum Ausdruck.

Vierter Aufzug, fünfter Auftritt

Verständlicherweise ist Orsina angesichts der offen zur Schau getragenen Verachtung des Prinzen tief gekränkt. Da beginnt Marinelli zögernd, sie mit der Wahrheit zu konfrontieren: Die Braut des ermordeten Grafen Appiani und deren Mutter befänden sich gerade in der Obhut des Prinzen; er müsse sich um diese kümmern (vgl. S. 63, Z. 13 ff.). Als Orsina den Namen der Braut erfährt, zählt sie eins und eins zusammen und erkennt in dem Prinzen „des Grafen Appiani Mörder" (S. 65, Z. 12): Sie weiß nämlich von ihren Kundschaftern, dass der Prinz Emilia am Morgen in der Messe angesprochen hat (vgl. S. 65, Z. 17 ff.). Nach Claudias Ahnung (vgl. Szene III,8) erfolgt nun mit Orsinas Enthüllungen die intellektuelle Rekonstruktion des Anschlags, begleitet von den Hassgefühlen und Rachegedanken einer verstoßenen Geliebten.

Orsinas Rekonstruktion des Anschlags

Marinellis verzweifelte Unschuldsbeteuerungen (vgl. S. 65, Z. 7, 15 f.) und auch seine Drohung, Orsina solle sich mit Anschuldigungen zurückhalten (vgl. S. 65, Z. 30 f.), laufen ins Leere, die Gräfin lässt ihn nicht mehr zu Worte kommen. Hilflos steht er der überlegenen Intelligenz der Gräfin gegenüber, zumal diese ihn verdächtigt, Anteil an der ganzen Sache zu haben (vgl. S. 64, Z. 27 ff.).

Fortschreitende Demontage der Marinelli-Figur

Zwar verwendet Orsina durch das Einsetzen von „Kundschafter[n]" (S. 65, Z. 22) ähnlich dubiose Methoden der Nachforschung wie Marinelli, aber mit anderer Zielsetzung. Während Marinelli mit allen Mitteln die Interessen des Prinzen durchzusetzen versucht, steht Orsina für die Wahrheit ein und möchte öffentlich aufklären, sprich: die Verlogenheit der Welt des Adels ans Licht bringen und die Bluttat öffentlich machen: „Morgen will ich es auf dem

Fazit: Orsina als „Aufklärerin"

Markte ausrufen." (S. 65, Z. 33) Mit dem erneuten Hinweis auf das richtende Volk steht damit für einen kurzen Moment die Option eines Aufruhrs und damit politischen Widerstands im Raum.

Vierter Aufzug, sechster Auftritt

Marinelli in der Zwickmühle

Odoardo hat die Nachricht erhalten, dass Graf Appiani verwundet sei und sich seine Frau und Tochter auf das Schloss gerettet hätten. In sorgenvoller Aufregung trifft er auf Marinelli, der sich in einer echten Zwickmühle befindet: Lässt er Odoardo unangemeldet zum Prinzen vor, wäre dieser nicht mehr ungestört mit Emilia. Kündigt er ihn aber an, ermöglichte dies Orsina und Odoardo ein Gespräch unter vier Augen, das die Wahrheit ans Licht bringen könnte. In seiner Not verfällt Marinelli auf die Ausrede, Orsina zum Wagen begleiten zu wollen (vgl. S. 66, Z. 30 f.). Orsina aber weigert sich zu gehen (vgl. S. 67, Z. 1), vielleicht weil sie schon eine Chance sieht, sich am Prinzen rächen zu können.

Verunglimpfung Orsinas

Letztlich sieht Marinelli keinen anderen Ausweg aus seinem Dilemma, als Orsinas Reden von vornherein als „seltsa[m]" (S. 67, Z. 14) abzutun, denen Odoardo keinen Glauben schenken dürfe. Damit verleumdet er die Wahrheit als Wahnsinn und handelt weiterhin als Handlanger des herrischen Prinzen.

Fazit: Aufbau von Spannung

Der Zuschauer beginnt zu ahnen, dass sich die Rachsucht und die intellektuelle Überlegenheit Orsinas mit Odoardos Entschlossenheit und verletztem Ehrgefühl paaren könnten, um zur strafenden Gerechtigkeit zu führen.

Vierter Aufzug, siebter Auftritt

Herstellung einer Interessen-identität

Mit Odoardo und Orsina treffen nun zwei Dramenfiguren im Gespräch aufeinander, die völlig verschiedenen Lebenswelten entstammen und keine gemeinsame Vorgeschichte haben. Orsinas Ziel besteht in dem folgenden Gespräch darin, Odoardo über die wahren Handlungszusammenhänge aufzuklären und eine Interessenidentität mit ihm herzustellen.

Zunächst versucht Orsina, Odoardo von ihrer Zurechnungsfähigkeit, die ihr vorher abgesprochen worden war, zu überzeugen. Zudem weckt sie in ihm große Neugier, indem sie nur in Andeutungen spricht: Er sei ein „unglücklicher Mann" (S. 67, Z. 20), sein Kind ebenfalls „unglücklic[h]" (S. 68, Z. 2) und sie wolle „Schmerz und Wut" (S. 67, Z. 31) mit ihm teilen. Außerdem bescheinigt sie Odoardo, über Verstand zu verfügen, der Voraussetzung für das Erkennen der Wahrheit ist (vgl. S. 68, Z. 12 ff.). Damit ist die Beziehung der beiden Gesprächspartner geklärt und sie sind bereit für ein eventuelles gemeinsames Handeln.

Orsinas Andeutungen

Auf die Nachricht vom Tod Appianis (vgl. S. 68, Z. 26) reagiert Odoardo zunächst entsetzt (vgl. S. 68, Z. 27 ff.). Anschließend weckt Orsina durch ihre Andeutung, Emilia sei noch „schlimmer als tot" (S. 68, Z. 31), in Odoardo Fantasien, die ihn nicht unberührt lassen. Seine Befürchtung, dass seine Tochter dem Prinzen ausgeliefert sein könnte, verifiziert die Gräfin, indem sie ihm den Zusammenhang zwischen dem morgendlichen Gespräch in der Kirche, von dem er ja bisher noch nichts wusste, und dem Überfall auf die Kutsche verdeutlicht (vgl. S. 69, Z. 5 ff.).

Orsinas „Aufklärung"

Dabei bezichtigt sie Emilia der Mittäterschaft, indem sie von „Verabredung" (vgl. S. 69, Z. 12) und „Meuchelmord" (S. 69, Z. 15) spricht. Gegen diese Darstellung opponiert Odoardo heftig, da er von der moralischen Unbescholtenheit seiner Tochter überzeugt ist.

Bezichtigung Emilias als mögliche Mittäterin

Am Ende des Gesprächs nimmt sich Orsina als Handelnde zurück und überlässt dem vom Zorn übermannten Odoardo die Initiative. Als er seiner Sinne kaum mehr mächtig ist, drängt ihm Orsina einen von ihr mitgeführten Dolch auf (vgl. S. 69, Z. 29 ff.). Damit wird Odoardo Orsinas

Die Übergabe des Dolches

„Werkzeug" und der Tyrannenmord ist vorbereitet. Statt angemessenen politischen Widerstands, der Veränderung bewirken könnte, deutet sich eine politisch unwirksame Affekthandlung an.

Orsinas Rachevision In ihrem abschließenden Monolog solidarisiert sich Orsina noch einmal mit Odoardo, aber auch mit Emilia selbst (vgl. S. 70, Z. 15) und all jenen Mätressen, die der Prinz in seiner Launenhaftigkeit zunächst geliebt und dann verlassen habe. In ihrer inneren Aufgewühltheit schwingt sie sich auf zu der Fantasie, alle Verlassenen würden sich in Rachgöttinnen verwandeln und den Prinzen zerfleischen (vgl. S. 70, Z. 17 ff.).

Fazit: Relativierung der engagierten Aufklärerin Mit dieser blutrünstigen Rachevision gerät Orsina, die Lessing bisher als engagierte Aufklärerin gezeichnet hat, in ein etwas zweifelhaftes Licht: Zwar versucht sie einerseits Fremdbestimmung zu überwinden, indem sie andere zur Handlungsinitiative (sprich: Odoardo zum Mord am Prinzen) antreibt, andererseits aber verharrt sie selbst weiterhin in der Verdammnis der Unterdrückten und tief Gekränkten. Mit ihr tritt in Akt IV somit eine Figur ins Geschehen ein, die als intelligente und kommunikativ kompetente Frau die richtende Stimme der Öffentlichkeit hätte darstellen können, die jedoch ihre Fähigkeiten lieber zur egoistischen Befriedigung missbraucht und Odoardo zum Tyrannenmord anstiftet. Hoffnungslosigkeit ist von nun an der Grundtenor des Dramas.

Vierter Aufzug, achter Auftritt

Odoardos klare Entscheidungen Claudia stürmt ins Zimmer und ist erleichtert Odoardo zu sehen. Sie beteuert ihre und Emilias Unschuld und bestätigt alle Schreckensmeldungen der Gräfin Orsina (vgl. S. 70, Z. 30 ff.). Äußerlich ruhig und gefasst, doch innerlich vor Rachdurst brodelnd, trifft Odoardo klare praktische Entscheidungen: Claudia solle mit Orsina in die Stadt zurückkehren (vgl. S. 71, Z. 32 ff.) und er werde sich höchstpersönlich um das Wohl seiner Tochter kümmern (vgl. S. 72, Z. 2).

Odoardos erzwungene Ruhe ist kaum Ausdruck der Besonnenheit, sondern vielmehr der Lähmung angesichts seiner gesteigerten Erregung vor dem Ausbruch. Seine „unruhige Ruhe" überträgt sich auf den Zuschauer und lässt ihn gespannt die Konfrontation Odoardos mit Emilia sowie den Tyrannenmord im fünften Akt erwarten.

Fazit: Odoardos erzwungene Ruhe

Fünfter Aufzug, erster Auftritt

In der erste Szene des letzten Aktes verständigen sich der Prinz und Marinelli kurz über das weitere taktische Vorgehen. Marinellis Einschätzung, Odoardo werde sich unterwürfig bedanken und in Ruhe das weitere Interesse des Prinzen erwarten (vgl. S. 73, Z. 9 ff.), verurteilt der Prinz von vornherein als Fehleinschätzung. Er befürchtet, der Vater werde Emilia aus seinem Einflussbereich bringen wollen (vgl. S. 73, Z. 18 ff.).

Marinellis neue Parole

Für den unausweichlichen Konflikt mit Odoardo gibt Marinelli eine neue Handlungsparole aus: „Vorwärts! denkt der Sieger, es falle neben ihm Feind oder Freund." (S. 74, Z. 1 f.) Im Geiste hat er die Intrige schon weitergeplant, er muss seinen Herrn aber noch einweihen, bevor sie auf Odoardo treffen werden (vgl. S. 74, Z. 5 ff.).

Fünfter Aufzug, zweiter Auftritt

Odoardo gibt im ersten von drei Entscheidungsmonologen zu erkennen, dass er von Rache am Prinzen Abstand nehmen wolle, diese stattdessen Gott überlassen wolle und die Rettung von Emilias Tugend für ihn Vorrang habe (vgl. S. 74, Z. 13 ff.). Seine Pflicht als Vater sieht er darin, den Mörder um die Frucht seines Verbrechens zu bringen (vgl. S. 74, Z. 23 f.). Er wolle sich zudem nicht von einer lasterhaften „Eifersüchtigen" (S. 74, Z. 17), sprich Orsina, instrumentalisieren lassen. Dem Prinzen wünscht er quälende

Odoardos erster Entscheidungsmonolog

Albträume und damit ewige Unfähigkeit zu sinnlichem Genuss als gerechte Strafe (vgl. S. 74, Z. 24 ff.).

Fazit: retardierendes Moment

Dieser Monolog bringt sehr deutlich Odoardos Innenleben zum Ausdruck und fungiert als retardierendes Moment vor seinen entscheidenden Gesprächen mit dem Prinzen und Marinelli sowie mit Emilia.

Fünfter Aufzug, dritter Auftritt

Auseinandersetzung um Emilias Verbleib

Als Marinelli von Odoardo genau das, was der Prinz schon gemutmaßt hatte, erfährt, nämlich dass er seine Tochter auf das Land nach Sabionetta bringen wolle (vgl. S. 75, Z. 19 ff.), schiebt er zunächst fadenscheinige Gründe vor, warum dies nicht möglich sei und Emilia in der Residenz bleiben müsse. Doch dann beschließt er kurzerhand: „Der Prinz entscheide." (S. 76, Z. 9) Damit ist Odoardo, noch bevor es zu einer Entscheidung kommt, von vornherein der Unterlegene.

Fünfter Aufzug, vierter Auftritt

Odoardos zweiter Entscheidungsmonolog

Wieder bleibt Odoardo allein zurück. Im Vergleich zu seinem Monolog in Szene V,2 gerät er zunehmend in Rage und droht gar den Verstand zu verlieren, da er sich den Entscheidungen des Prinzen hilflos ausgeliefert sieht. Dennoch ist er zu einer Auseinandersetzung mit ihm entschlossen. Am Ende äußert er sich sogar selbstkritisch, Marinellis Vorwände (vgl. Szene V,3) nicht angehört zu haben, da er so unvorbereitet dem zu erwartenden Angriff des Prinzen und Marinellis ausgeliefert sei (vgl. S. 76, Z. 22 ff.).

Charakterisierung des Prinzen durch Odoardo

Odoardo bezeichnet den Prinzen als herrschsüchtigen und willkürlichen „Wüterich" (S. 76, Z. 15), der „alles darf, was er will" (S. 76, Z. 13), und an kein Gesetz gebunden sei (vgl. S. 76, Z. 16 f.). Diese Haltung kollidiert zwangsläufig mit dem Besitzanspruch, den auch Odoardo als Vater auf Emilia hat.

Mit äußerster Anstrengung zwingt sich Odoardo im Verlauf des Monologs zu Besonnenheit und Selbstbeherrschung, doch seine Sprache offenbart seine wahre Gefühlslage: viele Fragen, zahlreiche Ausrufe, oft Satzfetzen, Appelle an sich selbst, laut und energisch. Gegen Ende verraten Gedankenstriche zur Kennzeichnung von Pausen (vgl. S. 76, Z. 24 ff.), dass er sich etwas zügeln kann.

Fazit: Odoardos Gefühlslage

Fünfter Aufzug, fünfter Auftritt

Es kommt zum Entscheidungsdialog zwischen Odoardo Galotti einerseits und dem Prinzen und Marinelli andererseits: Odoardo erfährt, dass der Prinz seine Tochter „im Triumphe" (S. 77, Z. 13) in die Stadt führen möchte und sich dort persönlich darum kümmern wolle, dass ihr Kränkungen und Schadenfreude erspart bleiben (vgl. S. 77, Z. 22 ff.). Doch Odoardo lässt sich nicht täuschen und erklärt, dass er in seiner „väterliche[n] Liebe" (S. 77, Z. 25) vorhabe, Emilia in ein Kloster zu schicken. In diesem Moment resigniert der Prinz: Odoardo solle die Tochter dorthin bringen, wohin er wolle.

Auseinandersetzung zwischen Odoardo und dem Prinzen

In diesem Augenblick mischt sich Marinelli ein und behauptet, vom sterbenden Appiani als sein „Rächer" bestellt zu sein, immerhin habe der *seinen* Namen mit dem letzten Atemzug genannt (vgl. S. 78, Z. 16 ff.). Es bestehe der dringende Verdacht, dass nicht Räuber Appiani ermordet hätten, sondern „ein begünstigter Nebenbuhler" (S. 78, Z. 37 f.). Emilia habe Appiani möglicherweise betrogen. Daher müsse nun eine Untersuchung über den Sachverhalt angestellt und Emilia vernommen werden, und zwar in Guastalla (vgl. S. 79, Z. 7 ff.). Odoardo verspricht, seine Tochter zu seiner Frau in die Stadt zu bringen und dort auch selbst das Ergebnis der Untersuchung abzuwarten. Bitterkeit spricht aus seinen Worten, denn er weiß, der „Schein-Gerechtigkeit" des Hofes hilflos ausgeliefert zu sein (vgl. S. 79, Z. 24 ff.).

Marinellis Lüge von einem begünstigten Nebenbuhler

Zuspitzung des Streitgesprächs Doch Marinelli hat dem noch etwas hinzuzufügen: Um ernsthafte Untersuchungen anstellen zu können, müsse man Emilia von ihren Eltern trennen (vgl. S. 79, Z. 33 ff.) und „in eine besondere Verwahrung" (S. 80, Z. 1 f.) bringen. Odoardo droht die Fassung zu verlieren, doch er kann sich noch einmal zügeln (vgl. S. 80, Z. 3 ff.). Der Prinz erklärt, man wolle Emilia nicht in ein Gefängnis bringen, sondern in das Haus seines Kanzlers Grimaldi, was Odoardo allerdings kaum beruhigt, da Emilia eben dort den Prinzen erst kennengelernt hat. Lieber würde er Emilia „in dem tiefsten Kerker verwahret" (S. 80, Z. 30 f.) sehen, was möglicherweise schon als eine leise Andeutung von Emilias Tod gesehen werden kann.

Marinelli als Strippenzieher Wieder einmal springt Marinelli in diesem Gespräch für den Prinzen in die Bresche und verdreht die Wahrheit zu seinen und des Prinzen Gunsten. Doch bringt er seinen Herrn erneut auch in größte Gefahr. In Szene IV,5 hatte Orsina das Mordkomplott durchschaut und gedroht, es öffentlich bekannt zu machen. Diesmal ist es Odoardo, der aufs Äußerste gereizt ist angesichts der widerlichen Geschichte vom „begünstigte[n] Nebenbuhler" (S. 78, Z. 37 f.). Die drohende Katastrophe, der Tyrannenmord, wird in letzter Sekunde verhindert, denn Odoardo unterliegt mit der Unterwürfigkeit des gehorsamen Bürgers.

Eigenmächtige Entscheidungen des Prinzen Der Prinz selbst trägt entscheidenden Anteil auf dem Weg hin zur Katastrophe. Ähnlich wie der morgendliche Kirchgang nicht mit Marinelli abgesprochen war, gestattet er Odoardo am Ende des Dialogs eigenmächtig ein Vieraugengespräch mit Emilia, obwohl eigentlich bereits vereinbart ist, dass Emilia und ihre Eltern einander nicht mehr sehen dürfen. Er glaubt zwar, die Intrige seines Kammerherrn mitzuspielen, doch durchkreuzt er – ohne es zu wollen und ohne es zu wissen – Marinellis Pläne.

Fazit: Emilia als Spielball Die Tatsache, dass über Emilia während ihrer Abwesenheit entschieden wird, zeigt, dass sie als Spielball widerstreitender Prinzipien fungiert: Die vorgeschlagenen Orte ihres Aufenthalts – Sabionetta, ein Kloster, Gustalla, ein Kerker, das Haus der Grimaldis – stehen symbolisch für verschiedene Lebenskonzepte, sie deuten aber auch an, dass ein Weiterleben für Emilia unmöglich ist (s. Grafik „Symbolik der Räume", S. 26). Denn ebenso wie die Orte unvereinbar sind, kann sie auch Erziehung, Tugend und Moral einerseits und gesellschaftliches Interesse andererseits nicht vereinen.

Fünfter Aufzug, sechster Auftritt

Erneut folgt ein Monolog Odoardos: Seine Gemütslage ist recht unbestimmt – schwankend zwischen Wut, Verwirrung, Ungläubigkeit und Zweifeln. Er ist überwältigt von dem Gedanken, dass in dem Gerücht von einem Nebenbuhler ein Körnchen Wahrheit stecken könnte (vgl. S. 81, Z. 34f.), und überlegt, dass das, was er für seine Tochter tun wolle, daher nicht angemessen sei (vgl. S. 82, Z. 1f.). Welche Tat er meint, bleibt unbestimmt, vielleicht denkt er an einen Tyrannenmord. Die Befürchtung, Emilia könnte gesündigt haben, ruft in ihm noch einen anderen Gedanken hervor: „Da denk ich so was: So was, was sich nur denken lässt." (S. 82, Z. 3f.) Hier blitzt in Odoardo wohl zum ersten Mal der bewusste Gedanke daran auf, seine eigene Tochter zu töten, was er jedoch sofort als „[g]rässlich" (S. 82, Z. 4) verwirft.

Mit diesem Monolog erhält der Zuschauer noch einmal Einblick in den Prozess der Entscheidungsfindung Odoardos. In der Gegenüberstellung verschiedener Handlungsalternativen erkennt er, dass ihm einzig Mord als Handlung bleibt, doch in wahnsinniger Angst davor und bar jeglicher Entschlusskraft entscheidet er sich zu fliehen und ein Gottesurteil abzuwarten (vgl. S. 82, Z. 4ff.). Als seine Flucht durch das plötzliche Eintreten Emilias vereitelt wird, scheint

Marginalien:
Odoardos Handlungsalternativen

Übertragung der Verantwortung auf Gott

Odoardos Monologe: Handlungsalternativen und Entscheidungsfindung

Szene V,2	Szene V,4	Szene V,6
Gespräch mit Marinelli: Emilias Aufenthalt in Guastalla		**Gespräch mit dem Prinzen und Marinelli:** Emilias (vermeintlich) verlorene Unschuld
• Einsatz für „gekränkte Tugend" Emilias und Appianis Tod • keine Instrumentalisierung durch Orsina • Verwünschung des Prinzen • Gott als Rächer	• Absicht zur Auseinandersetzung mit dem Prinzen • Mahnung zur Ruhe und Besonnenheit	• Zweifel an der Unschuld Emilias • Beabsichtigung des Tyrannenmords • Legitimation durch göttliche Gerechtigkeit • flüchtiger Gedanke: Mord an Emilia? • Flucht als Ausweg

die Katastrophe, die Verzweiflungstat, unaufhaltbar (vgl. S. 82, Z. 8f.).

In ihrer Zusammenschau lassen Odoardos drei Monologe (Szenen V,2, V,4 und V,6) deutlich werden, dass es mit ihm ein männliches Gegenstück zur Titelfigur Emilia gibt. Er geht psychisch zugrunde, und zwar in einer Weise, die das Publikum ebenfalls Anteil nehmen lässt, auch wenn er physisch überlebt. Denn Odoardo gelingt es letztlich ebenso wenig wie seiner Tochter, seine inneren Konflikte in sein Lebenskonzept zu integrieren und sich gegen die äußeren Lebensverhältnisse, insbesondere die feudalabsolutistischen Machtstrukturen, zu behaupten.

Fazit: Odoardos psychisches Zugrundegehen

Fünfter Aufzug, siebter Auftritt

Beim letzten Aufeinandertreffen wirkt Emilia auf Odoardo, der auf ein Geständnis seiner Tochter lauert, überraschend ruhig. Sie bleibt auch dann noch gefasst, als er ihr den Tod Appianis bestätigt (vgl. S. 82, Z. 24 ff.) und verkündet, dass auch sie selbst den Mördern ausgeliefert sei, und zwar ohne elterlichen Schutz (vgl. S. 82, Z. 34 ff.). Mit ihrer besonnenen Haltung zeigt Emilia wahre Größe und kann ihren Vater in all seinen schlimmsten Befürchtungen beruhigen (vgl. S. 83, Z. 16 f.).

Emilias Gefasstheit

Erst als Emilia erfährt, dass der Prinz eine gerichtliche Untersuchung gegen sie einleiten und sie bis dahin bei Kanzler Grimaldi unterbringen wolle, gerät sie in Rage: „Als ob wir, wir keinen Willen hätten, mein Vater!" (S. 83, Z. 23 f.) Odoardo pflichtet ihr bei, indem er bekennt, dass er bereits drauf und dran gewesen sei, den Prinzen und Marinelli umzubringen. Den Dolch Orsinas, den er mit diesen Worten hervorzieht, begehrt Emilia sogleich für sich, um sich selbst umzubringen. Odoardo warnt sie: Der Dolch sei keine Haarnadel und sie habe „nur *ein* Leben" (S. 83, Z. 34). Doch Emilia entgegnet, dass sie „nur *eine* Unschuld" (S. 83, Z. 36) zu verlieren habe.

Emilias Aufbegehren

Gewalt der
Verführung

Es fällt der bedeutungsschwangere Satz: „Verführung ist die wahre Gewalt." (S. 84, Z. 3) Emilia hat schon einmal im Hause Grimaldi die Erfahrung eigener Verführbarkeit machen müssen: „[E]s erhob sich so mancher Tumult in meiner Seele" (S. 84, Z. 8f.). Nun – angesichts des für sie bestimmten Aufenthaltsortes bei den Grimaldis – befürchtet sie, den Verführungskünsten des Prinzen erneut zu erliegen, denn sie habe „so jugendliches, so warmes Blut" (S. 84, Z. 4).

Emilia (Württembergische
Landesbühne 1991/92)

Rechtfertigung
des Todes-
wunsches

Emilia rechtfertigt ihren Todeswunsch mit dem Hinweis auf Jungfrauen, die den Märtyrertod wählten, um einer Vergewaltigung zu entgehen: „Nichts Schlimmers zu vermeiden, sprangen Tausende in die Fluten und sind Heilige!"[1] (S. 84, Z. 11f.)

---

[1] Anspielung auf eine Passage aus dem Werk „Gottesstaat" des Kirchenvaters Augustinus (354–430), wird aber von Emilia sinnentstellend zitiert. Korrekt müsste es heißen: „… und sind *trotzdem* Heilige."

Für einen Moment wird Odoardo schwach und übergibt den Dolch tatsächlich an seine Tochter, doch als sie sich damit umzubringen versucht, entreißt er ihn ihr rasch wieder (vgl. S. 84, Z. 18 ff.). Stattdessen greift sie nach ihrer Haarnadel, bekommt aber nur die ihr Haar zierende Brautrose zu fassen, die sie wütend herunterreißt (vgl. S. 84, Z. 23 ff.). Sie bezichtigt sich selbst, eine Dirne zu sein (vgl. S. 84, Z. 26 f.), und mahnt ihren Vater mit den Worten „Ehedem wohl gab es einen Vater"[1] (S. 84, Z. 32) zur Entschlossenheit.

Anspielung auf die Virginia-Sage

Odoardo stößt zu (vgl. S. 84, Z. 37 f.) – in äußerster Erregung, spontan und ohne zu zögern und offenbar verführt durch Emilias Verweis auf römischen Heroismus[2] und durch ihren Appell an sein Ehrgefühl. Das Leben ist für Odoardo nämlich vor allem bestimmt durch seine moralische Haltung und daher bedarf es nur eines relativ geringen Impulses von Emilia, um sie zu töten. Erst als er seine Tochter in seinen Armen auffängt, kommt er zur Besinnung (vgl. S. 85, Z. 1 f.). Im Sterben dankt Emilia ihm mit wohl gesetzten metaphorischen Worten, die auf den Verlust der Unschuld verweisen: „Eine Rose gebrochen, ehe der Sturm sie entblättert." (S. 85, Z. 3) Damit hat sich die Katastrophe vollzogen.

Emilias Tod

Obwohl es am Ende Odoardo ist, der den Dolch führt, muss man wohl von einer gemeinsam verübten Tat sprechen, was sich insbesondere durch das Bild der Rose erklärt. Zuerst ist es Emilia, die sich die Rose, ein Symbol für ihre Unschuld, aus dem Haar reißt und zerpflückt (vgl. S. 84, Z. 23 ff.). Da sie sich im Sterben dann selbst mit der Rose gleichsetzt, kann das „Zerpflücken" als ein Handanlegen an sich selbst verstanden werden. Nun, im Tode, wird

Gemeinsam verübte Tat

---

[1] Anspielung auf die von dem römischen Geschichtsschreiber Livius (59 v. Chr. – 17 n. Chr.) berichtete Virginia-Sage, nach der ein Vater seine Tochter erdolchte, um sie vor der Schande zu retten (s. S. 81)
[2] Heroismus: Heldentum

die Rose von ihrem Vater „gebrochen", bevor ein „Sturm" (sprich: der Prinz mit seiner Verführungskunst) sie zerstören kann.

Umstrittene Szene

Diese Szene des Stücks gehört zu den umstrittensten Dramendokumenten Lessings: Wie ist es zu erklären, dass ein Vater – eben noch froh, der Versuchung, den Prinzen zu ermorden, entgangen zu sein – seine eigene Tochter ermordet? Was ist dran an Emilias Worten von ihrem heißen Blut? Wie kann sie angesichts des toten Appiani überhaupt an die Verführung durch einen anderen denken?

Erklärungen für Emilias Tod

Die Szene wirft tatsächlich viele Fragen auf. Doch geht es am Ende des Stücks nicht um eine rationale Überzeugung des Zuschauers, sondern um Emotionen: Eine Frau, die „Entschlossenste [ihres] Geschlechts" (S. 71, Z. 26 f.), entschließt sich zu sterben, um der „Gewalt der Verführung" zu trotzen, um ihre Unschuld zu wahren und um damit auch den strengen moralisch-sittlichen Forderungen des Vaters gerecht zu werden. Emilia hat erfahren, dass sie ihr sinnliches Bedürfnis nicht einmal durch die moralisch und religiös begründeten Verbote unterdrücken kann, dass die Prinzipien, nach denen sie leben muss, nicht praktikabel sind, ja dass sie unweigerlich in die Katastrophe münden. Ihr Tod ist die notwendige und tragische Konsequenz aus dem unauflösbaren Zwiespalt zwischen ihrer streng religiösen Erziehung zur Tugend und deren drohendem Scheitern in der Realität.

Drama des Privaten

Interessanterweise fehlt dem Stück durch die Lösung des Konflikts im Privaten eine offensichtlich politische Dimension, die seiner Vorlage, der bei Livius zu lesenden Sage von Virginia, zu eigen war. Hatte dort der Tod Virginias noch einen Volksaufstand ausgelöst und damit ganz explizit einen übergeordneten Sinn erhalten, bleibt „Emilia Galotti" – rein vordergründig betrachtet – ein Drama des Privaten und löst keinen Aufstand des Bürgertums aus.

Emilias Tod

Identitätskonflikt zwischen

Lebenseinstellung	… und …	**gesellschaftlicher Wirklichkeit**
Ideal	… und …	**Realität**
Sittlichkeit	… und …	**Sinnlichkeit**
Autoritätsprinzip (Odoardo)	… und …	**Lustprinzip (Prinz)**

Ausweg: Selbstopfer

durch die Hand Odoardos

Motive Odoardos
- Beherrschung und Verdrängung statt Ausleben von Trieben
- Wahrung der Tugend und Keuschheit
- Leben unter dem Anspruch der Vervollkommnung

Kritik am
Bürgertum

Mit dem Mord Emilias durch die Hand des Vaters bleibt am Ende nicht so sehr die Kritik am absolutistischen Herrschaftssystem. Sie richtet sich vor allem gegen ein Bürgertum, das sich lieber moralisch selbst zerfleischt als sich gegen den Despoten einzusetzen. Denn die Aggressivität gegen den Despotismus ist blockiert, sodass sie selbstzerstörerisch nach innen schlägt.

Fazit: impliziter
Aufruf zur
Revolution

Und doch stellt das Stück durch den Tod Emilias auch einen impliziten Aufruf zur Revolution dar. In all seiner Widersprüchlichkeit – Warum muss Emilia sterben? – ist eben dies Lessings Weg, um Protest zu erzeugen und den Wunsch zur Veränderung der bestehenden Verhältnisse im Zuschauer zu entfachen. Auch wenn Lessing den Umsturz nicht zum Bühnenereignis macht, sät er Empörung über das Unrecht des Absolutismus.

Fünfter Aufzug, achter Auftritt

Erwartung eines
gerechten Urteils

Nachdem sich die Katastrophe vollzogen hat, kehren der Prinz und Marinelli gemeinsam auf die Bühne zurück und bekommen gerade noch mit, wie die sterbende Emilia ihren Vater von aller Schuld freispricht (vgl. S. 85, Z. 14). Odoardo will jedoch selbst alle Schuld auf sich nehmen und sich irdischer und göttlicher Gerichtsbarkeit stellen (vgl. S. 85, Z. 28 ff.). Damit liefert er sich der Gewalt des Prinzen aus, doch erwartet er von Gott als dem „Richter unser aller" (S. 85, Z. 30) ein gerechtes Urteil – auch für den Prinzen.

Plädoyer für ein
System der
Gewaltenteilung

Odoardos Schlusswort, das den Prinzen Richter und Täter zugleich nennt, stellt eine Kritik an der Machtfülle des Souveräns dar. Der Volksaufstand in der antiken Virginia-Vorlage wird somit abgelöst durch ein implizites Plädoyer für ein System der Gewaltenteilung und -kontrolle. So wird deutlich, dass es Lessing noch nicht um die Abschaffung der Monarchie und die Einführung der Volkssouveränität geht, sondern um Gewaltenteilung innerhalb des monarchischen Systems.

Der Prinz selbst, dem das Schlusswort im Drama zukommt, fühlt sich von Marinelli verraten, verweist ihn für immer des Hofes und beklagt weinerlich sein eigenes Schicksal, nämlich dass Fürsten keine echten Freunde hätten (vgl. S. 86, Z. 1 ff.).

Marinellis Verweis vom Hofe

Damit bleiben am Ende des Dramas alle, was sie immer waren. Keine der Figuren erlebt einen Lern- oder Erkenntnisprozess, vielmehr ist der Zuschauer gefragt: Anstelle einer Katharsis (= Läuterung) ergeht in dieser letzten Szene durch Ansprache an Intellekt und politisches Bewusstsein ein Appell zur Veränderung.

Fazit: Appell an den Zuschauer

Hintergründe

Der historische Kontext

Deutschland zur Zeit Lessings

Lessing lebte in einer Zeit, die geprägt war von der Staatsform des *Absolutismus*. Diese Bezeichnung lässt sich darauf zurückführen, dass die Fürsten in den mehr als 300 Territorien des Heiligen Römischen Reiches Deutscher Nation *losgelöst* („absolutus") von den Zwischengewalten der Stände und des Parlaments regierten, nur Gott und seiner Ordnung verpflichtet. Ihren Untertanen, von denen sie Treue und unbedingten Gehorsam forderten, waren jegliche Mitwirkungsrechte verwehrt.

Aufgeklärter Absolutismus

In der zweiten Hälfte des 18. Jahrhunderts änderte sich die Auffassung vom Staat: Der (hypothetische) Staatsvertrag verpflichtete nun nicht mehr nur die Untertanen, sondern ausdrücklich auch den Herrscher, dessen Aufgabe es war, Frieden und Wohlfahrt der Bürger zu sichern. Der Monarch verstand sich als „erster Diener", wie Friedrich II. von Preußen (Regierungszeit: 1740–1786) es ausdrückte. Dennoch: Bittere Armut unter dem einfachen Bürgertum und feudale Abhängigkeitsstrukturen, Rechtsunsicherheit und Krieg, Ständehochmut und Zensur standen weiterhin auf der Tagesordnung.

Aufbruch in eine bürgerliche Gesellschaft

Dem Standesdünkel des Adels, der in der luxuriösen Welt des französischen Königshofes von Versailles sein gesellschaftliches Ideal sah, setzte das städtische Bürgertum nach und nach seinen eigenen Welt- und Lebensentwurf entgegen. Dies äußerte sich in einem moralischen und geistigen Überlegenheitsgefühl gegenüber dem Adel. Den Wert des Menschen machten für den Bürger nicht geerbte Privilegien aus, sondern er entwickelte sein neues Selbstbewusstsein aufgrund eigenen Fleißes und eigener Bildung. Interessanterweise wirkt die bürgerliche Familie von damals mit ihrem gestrengen und autoritären „pater familias"[1] als Moral- und Tugendwächter an ihrer Spitze wie ein Abbild der Ständegesellschaft mit ihrem despotischen Prinzen an oberster Stelle der Hierarchie.

Auch die Literatur sollte nicht mehr im Dienste des Fürsten oder der Kirche stehen, sondern wollte als freie und autonome Kunstform verstanden werden, die sich prinzipiell an alle Menschen richtet. Kunst bedeutete nun nicht mehr die möglichst perfekte Beherrschung vorgegebener Formen, sondern wurde immer mehr als Botschaft eines Künstlerindividuums verstanden. Literarische Qualität definierte sich vor allem nach der Wirkung auf den Leser und nicht mehr nur nach den Vorschriften der Poetik. (vgl. S. 73: „Lessings Literaturtheorie") Da um 1800 nur etwa ein Viertel der Bevölkerung lesen konnte, war eine „freie" Schriftstellerexistenz allerdings noch kaum möglich, obwohl dank des allgemeinen Handelsaufschwungs, neuer Produktionstechniken und der zunehmenden Betonung des Bildungswesens ein rasch anschwellender literarischer Markt entstand.

Veränderungen im Literaturbetrieb

Geistige Grundlagen der Aufklärung

„Sapere aude!" – Habe Mut, dich deines eigenen Verstandes zu bedienen!" So lautet nach Immanuel Kant (1724–1804) der Wahlspruch der Aufklärung. Damit setzt sich endgültig das neuzeitliche Menschenbild durch: Der Mensch verfügt kraft seiner Anlagen über die Fähigkeit, selbstständig zu urteilen und zu handeln. Er hat daher nicht nur das Recht, sondern auch die Pflicht, jede Behauptung selbstständig und kritisch auf ihre Richtigkeit hin und jede Handlung auf ihre moralische Berechtigung hin zu prüfen. Mündigkeit bedeutet insbesondere, sich nicht auf das Urteil und die Leitung anderer zu verlassen.

Der selbstständige Einzelmensch

---

[1] Vgl. S. 22.

Natürliche
Vernunft

Die Methode, mit der man sich ein selbstständiges Urteil bildet, ist der Weg der Vernunft. Konkret bedeutet dies, auf der Basis des sinnlich Erfahrbaren mithilfe logischer Sätze auf das zurückzuschließen, was nicht wahrnehmbar ist, nämlich die Naturgesetze, die nach der Überzeugung der Aufklärer hinter allem walten. Die Vernunftfähigkeit wird zwar jedem Menschen von Natur aus gleichermaßen zuteil, dennoch muss er zum Vernunftgebrauch erzogen werden. Insofern verstehen sich die Aufklärer auch als Erzieher zur Vernunft.

Natürliche
Religion und
Toleranz

Die Forderung, nur das sinnlich Wahrnehmbare als gegeben zu betrachten, führt bei manchen zum Atheismus, dennoch glauben die meisten Aufklärer an die Existenz eines Schöpfers. Dieser sogenannte Deismus gilt als natürliche Religion, die der natürlichen Vernunft entspricht und den Einzelreligionen zugrunde liegt. Im Verständnis des Deismus hat Gott das Universum mit all seinen Elementen erschaffen, er greift jedoch nicht weiter in die Welt ein. Der Mensch bedarf nicht einer göttlichen Begleitung, weil er mit der Vernunft ausgestattet ist, die Teil des göttlichen Schöpfungsplans ist. Die Forderung, alle Einzelreligionen sollten untereinander Toleranz üben, ist ebenso wesentlich für die Aufklärung wie die Forderung nach allgemeiner Denk-, Rede- und Pressefreiheit.

Lessings Lebensstationen

Gotthold Ephraim Lessing wird am 22. Januar 1729 als drittes Kind einer protestantischen Theologenfamilie im sächsischen Kamenz geboren und gilt als einer der letzten europäischen Universalgelehrten. Nach dem Besuch der Fürstenschule St. Afra in Meißen studiert Lessing zunächst Theologie und Philologie in Leipzig, später Medizin in Wittenberg; 1752 wird ihm der Magistertitel[1] verliehen. In diesen Studienjahren löst sich Lessing immer stärker von seinem Elternhaus und tut erste wichtige Schritte als Gelehrter, Journalist und Dramatiker, bevor er 1748 nach Berlin geht, um sich eine „freie" Schriftstellerexistenz aufzubauen. Dort schließt er auch entscheidende Lebensfreundschaften, unter anderem mit dem jüdischen Philosophen Moses Mendelssohn[2] und dem Verleger und Publizisten Friedrich Nicolai[3], mit denen er die „Briefe die Neueste Literatur betreffend" (1759/65) herausgibt, welche die Kunsttheorie der klassizistischen Phase der Aufklärung ablösen.

Nach verschiedenen Aufenthalten in Berlin, Leipzig und schließlich Breslau, wo er von 1760 bis 1764 Sekretär des preußischen Festungskommandanten ist, lebt Lessing von

Herkunft

Ausbildung und Studium

Dramaturg am Hamburgischen Nationaltheater

---

[1] Magister: höchster akademischer Grad, der sich nicht vom Doktortitel unterschied

[2] Mendelssohn, Moses (1729–1786): deutscher Philosoph

[3] Nicolai, Friedrich (1733–1811): deutscher Publizist, Kritiker und Schriftsteller

1767 bis 1770 in Hamburg und bekleidet das Amt des Dramaturgen und Kritikers am neu gegründeten „Hamburgischen Nationaltheater". In dieser Zeit entstehen seine berühmten Schriften zum Theater („Hamburgische Dramaturgie"): Lessing entwickelt eine auf Aristoteles[1] gründende Theorie und leistet einen entscheidenden Schritt zur Begründung des bürgerlichen Trauerspiels. In Hamburg lernt Lessing auch seine spätere Frau Eva König kennen.

Bibliothekar in Wolfenbüttel Die Berufung als Bibliothekar nach Wolfenbüttel (1770–1781) durch den Herzog von Braunschweig ist für Lessing nach seiner Zeit in Hamburg ein finanzieller Rettungsakt. Zwar scheint dieses Amt genau auf ihn zugeschnitten, doch wird dieser Aufenthalt in der Provinz für Lessing zeitweise zum Trauma, auf das er immer wieder mit psychosomatisch bedingten[2] Krankheiten reagiert. Während dieser Zeit entbrennt auch eine in der Öffentlichkeit ausgetragene Auseinandersetzung mit dem Hamburger Hauptpastor Goeze über philosophisch-theologische Fragen, die in ein vom Herzog von Braunschweig verhängtes Publikationsverbot für Lessing mündet.

Werke Zu Lessings Frühwerken rechnet man das Lustspiel „Die Juden" (1749), einen Vorläufer des großen Nathan-Stückes, sowie „Miss Sara Sampson" (1755), ein erstes bürgerliches Trauerspiel, in dem erstmals in der Geschichte des deutschen Theaters das Versmaß durch Prosa ersetzt wird. In Hamburg entsteht neben den zahlreichen theoretischen Schriften zum Theater das Lustspiel „Minna von Barnhelm oder Das Soldatenglück" (1767), die erste deutsche Komödie überhaupt. Unerhört neu ist der Griff nach einem Stoff aus der Gegenwart und die Tatsache, dass die Komödie nicht mehr mit Figuren niederen Standes besetzt ist, sondern in die Adelswelt verlegt ist.

---

[1] Aristoteles (384–322 v. Chr.): griechischer Philosoph
[2] psychosomatisch bedingt: durch seelische Einflüsse verursacht

Die wichtigste Veröffentlichung aus den ersten Wolfenbütteler Jahren ist das Trauerspiel „Emilia Galotti" (1772); „Nathan der Weise" (1779) beschließt Lessings Dramenproduktion.

Lessing-Denkmal, Berliner Tiergarten

Lessing führt ein ruheloses Leben, das eines Bohemiens[1], wie man heute sagen würde. Seinen Lebenslauf kennzeichnen zahlreiche Ortswechsel und ein Werk, das mehr Fragmente aufweist als vollendete Texte. Als einer der ersten Künstler seiner Zeit kämpft er zeitlebens um materielle und geistige Autonomie und versucht, allein von seiner Arbeit als freier Schriftsteller zu leben. Erst in Wolfenbüttel gelingt ihm der Aufbau einer eigenen Existenz, im Grunde jedoch ist er bis zu seinem Tod unentwegt auf der Suche. Lessing stirbt nach einer Zeit der Krankheit am 15. Februar 1781 im Alter von 52 Jahren in Braunschweig – berühmt einerseits, aber auch vereinsamt und enttäuscht.

Ein Leben auf der Suche

Tod

Lessings Themen

Lessing sieht sich ganz dem Ideengut der Aufklärung verpflichtet. Unter dem unmittelbaren Eindruck der absolutistisch-höfischen Umwelt klagt er in seinen Werken die Skrupellosigkeit und die Amoralität des Hofes an. Dabei erfolgt Lessings Kritik meist indirekt, beispielsweise in Form der

Der engagierte Aufklärer

Hofkritik

---

[1] Bohemien: ungebundene Künstlernatur

antiken Tierfabel. Zudem wird deutlich, dass er nicht etwa schon die Demokratie fordert, sondern den aufgeklärten Herrscher, der im Sinne seiner Untergebenen handelt.

Ideal einer moralischen Welt

Mit Lessings Hofkritik einher geht stets die Mahnung, dass das Bürgertum im Streben nach der Moral nicht den Bezug zur Realität verlieren dürfe. Lessing proklamiert zwar das Ideal einer moralischen Welt, doch sind für ihn Tugend und Moral nie reiner Selbstzweck. Sie stellen vielmehr die Grundlage für eine bessere Gesellschaft dar, die seiner Meinung nach nur vom Bürgertum geschaffen werden könne. Der Adel hingegen sei zu dekadent, um Motor einer besseren Gesellschaft zu werden.

Der produktive Kritiker

Institutionalisierung der Literaturkritik

Lessings Grundüberzeugung, dass die Wahrheit erst dann ihren Rang gewinne, wenn sie öffentlich zur Diskussion gestellt werde, bestimmt nicht nur seine Tätigkeit als Dramatiker, sondern auch als Journalist und Kritiker. In diesem Sinne schafft er nicht nur mustergültige dramatische Werke, sondern setzt auch neue Maßstäbe, indem er das Niveau der Literaturkritik anhebt und sie gleichsam institutionalisiert.

Erziehung des Publikums

Für Lessing verfolgt die öffentliche Kritik der Literatur das Ziel, das Publikum zu erziehen und ihm durch die Schulung des Urteilsvermögens literarische Maßstäbe an die Hand zu geben. Er versteht sich insofern als „produktiver" Kritiker, als die Kritik zugleich mit seinen Werken entsteht.

Der Theologe und Philosoph

Fragmentenstreit

Zeitlebens kämpft Lessing für das Recht, auch Fragen der religiösen Wahrheit öffentlich zu diskutieren. Er selbst sieht eine Schwierigkeit darin, Offenbarung und Vernunft in ein tragfähiges Verhältnis zueinander zu bringen. Im sogenannten „Fragmentenstreit" mit dem Hamburger Hauptpastor Johann Melchior Goeze, für den die Bibel die „geoffenbarte" und damit unkritisierbare Wahrheit ist, schwächt Lessing den Offenbarungsglauben ab zugunsten fortschreitender Vernunft. Zugleich nimmt er dem Streit die Spitze, indem er die praktische Wirkung gelebten Christentums über die theologische Diskussion stellt.

Dies ist auch der Sinn der Ringparabel, die im Zentrum des dramatischen Gedichts „Nathan der Weise" steht: Das praktische Verhalten der Gläubigen ist wesentlicher als der Streit darum, welchem Glauben die höhere Autorität zukommt. Die rechten Gläubigen üben daher untereinander Toleranz und suchen im anderen das zu erkennen, was beiden an Humanität gemeinsam ist.

Toleranzidee

In seiner letzten veröffentlichen Schrift „Die Erziehung des Menschengeschlechts" (1780) fasst Lessing die Summe seines theologisch-philosophischen Denkens zusammen: Seine fast utopisch anmutende Vorstellung von einer besseren Zukunft und von einem beständigen moralischen und geistigen Fortschritt der Menschheitsgeschichte basiert auf der Überzeugung, dass sich der Mensch stets zum Guten entwickeln wird. Wenn der Mensch zudem das Gute tut, weil es das Gute ist, und es nicht tut, weil es ihm einen persönlichen Vorteil bringt, ist die Zeit der Vollendung erreicht – ein Ansatz, der im gesamten 18. Jahrhundert und nicht zuletzt für die Weimarer Klassik von großer Bedeutung ist.

Positives Welt- und Menschenbild

Lessings Literaturtheorie

Während Lessing in seinen frühen Schriften von Gottscheds[1] Wertmaßstab der Regelkonformität (Regelpoetik) allmählich zur Frage nach der Wirkung (Wirkungsästhetik) übergeht, lehnt er später in seinen Literaturbriefen und in der „Hamburgischen Dramaturgie" Gottsched und dessen klassizistische französische Muster entschieden ab. Nicht die Befolgung von starren Regeln führe zu gelungenen literarischen Werken, sondern die schöpferische Fantasie eines

Wirkungsästhetik statt Regelpoetik

Ablehnung der klassizistischen Regelpoetik

---

[1] Gottsched, Johann Christoph (1700–1766): deutscher Schriftsteller und Literaturtheoretiker der Aufklärung

Autors. In diesem Zusammenhang verweist er auf Shakespeare[1] und die griechische Klassik.

Wirkungsästhetik: Veränderung des ganzen Menschen Insgesamt steht hinter dieser Absage an die klassizistische Regelpoetik ein völlig neuer ästhetischer Ansatz: Kunst ist für Lessing nicht erlernbar, wie noch Gottsched glaubte, denn Regeln erfassten nur die Äußerlichkeiten, nie aber das Wesen eines Kunstwerks, das in seinem Hauptzweck den ganzen Menschen berühren und verändern solle. Mit dieser Wirkungsästhetik wendet sich Lessing auch entschieden gegen die damals herrschende Auffassung, Literatur solle (wie die Malerei) nur beschreibenden Charakter besitzen.

Dramenkonzeption Mit seiner Dramenkonzeption grenzt sich Lessing einerseits bewusst von den klassizistischen Vorbildern ab und nimmt andererseits häufig auf Aristoteles Bezug.

Die drei Einheiten Die drei Einheiten der Handlung (vollständige Durchführung eines einzigen Grundmotivs), des Ortes (gleichbleibender Schauplatz) und der Zeit (Ablauf innerhalb von 24 Stunden) bilden seit ihrer Formulierung durch den französischen Klassizismus eines der ständigen Grundprobleme der Dramaturgie. Anders als noch im klassizistischen Drama ist für Lessing – ganz in der Tradition des Aristoteles – die Lehre von den drei Einheiten jedoch überflüssig, da sich aus der Einheit der Handlung automatisch die Gestaltung der übrigen Bedingungen (Ort und Zeit) ergebe.

Konkretisierung im Drama „Emilia Galotti" Dass die mechanische Befolgung der Regel von den drei Einheiten für Lessing nicht entscheidend ist, konkretisiert sich auch im Drama „Emilia Galotti": Während die Einheit der Zeit genau eingehalten wird, indem zwischen dem Gespräch in der Messe und Emilias Tod nur wenige Stunden liegen, ist die Einheit des Ortes eher großzügig angelegt: Der dramatische Vorgang wird mehr und mehr aus dem öffentlichen Rahmen (Kabinett des Prinzen) ins Private (Lustschloss) verlegt und viele wichtige Vorgänge finden

---

[1] Shakespeare, William (1564–1616): englischer Dichter

hinter der Bühne statt (Begegnung in der Kirche, Tod Appianis, Verführung Emilias). Die Einheit der Handlung, die für Lessing wesentlich ist, zeigt sich in der straffen Handlungsführung, in der jedes Wort und jeder Satz im Dienste der dramatischen Entwicklung stehen. Zudem versteht es Lessing geschickt, Informationen über die Vorgeschichte in Handlung umzusetzen, beispielsweise in Szene I,4, in der der Prinz mit den Bildnissen Orsinas und Emilias konfrontiert wird.

Aristoteles zufolge soll die Handlung folgerichtig aufgebaut sein und sich inhaltlich an einem „roten Faden" orientieren. Gustav Freytag (1816–1895) verteilt die Elemente des dramatischen Handlungsbogens auf fünf Akte in Form eines achsensymmetrischen Dreiecks: Auf die Exposition im ersten Akt folgt die Steigerung bzw. Zuspitzung des Konflikts, die schließlich im Höhepunkt gipfelt. Auf der Spitze des Dreiecks schlägt die Handlungsdynamik um und strebt, gebremst durch das retardierende Moment im vierten Akt, der Lösung des Konflikts oder der Katastrophe zu.

Fünfaktiges Drama

Im Gegensatz zu Gottsched wird bei Lessing die große Rede, das deklamatorische Theater, zurückgedrängt – zugunsten des mimischen Spiels. Kurze Szenen und ein rascher Wechsel kennzeichnen das ganze Stück. Der Charakter der einzelnen Figuren wird nicht mehr ausführlich beschrieben, sondern zeigt sich unmittelbar im Handeln. Allen Figuren ist eine große Sprachmächtigkeit eigen, wobei es Lessing wie keinem Schriftsteller vor ihm gelingt, den Sprachduktus seiner Figuren bei aller Rhetorik natürlich klingen zu lassen.

Mimisches Spiel statt deklamatorischen Theaters

Nach Aristoteles soll im Zuschauer eine „Katharsis" (griech. „Reinigung") durch Furcht und Mitleid bewirkt werden. Lessing bezieht beide Begriffe eng aufeinander und definiert Furcht als auf uns selbst bezogenes Mitleid. Denn nur ein Unglück, von dem man fürchten müsse, es könne auch uns selbst zustoßen, mache betroffen. Diesen Prozess der

Furcht und Mitleid

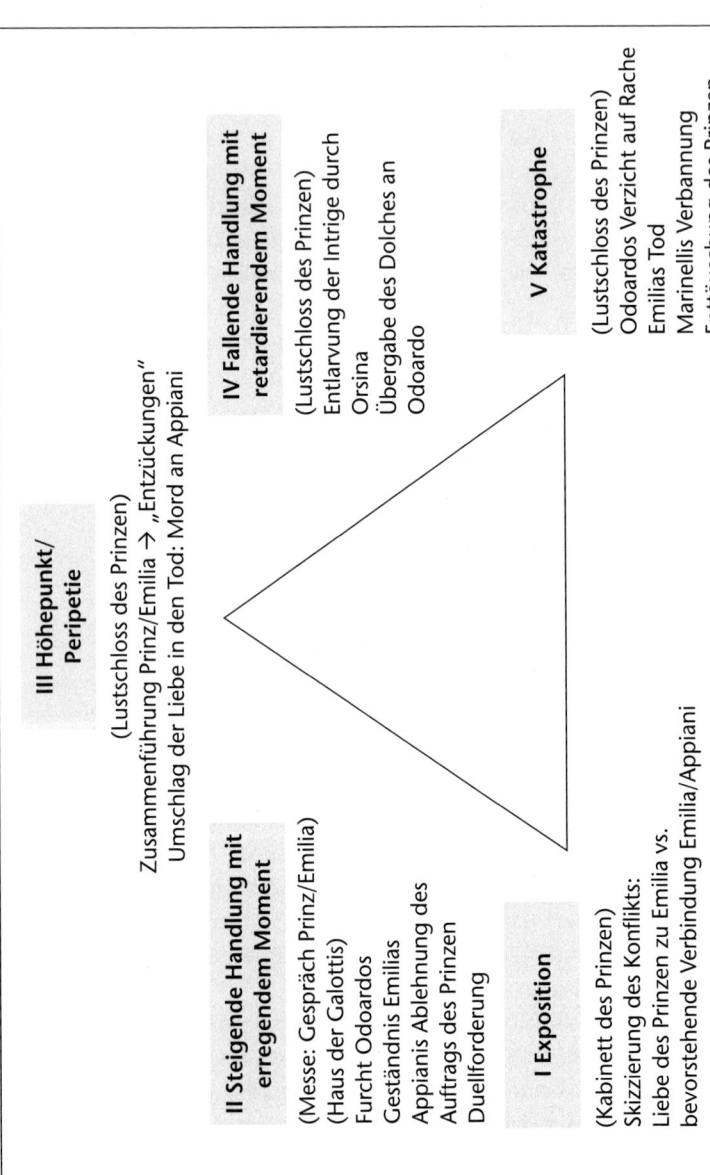

III Höhepunkt/Peripetie

(Lustschloss des Prinzen)
Zusammenführung Prinz/Emilia → „Entzückungen"
Umschlag der Liebe in den Tod: Mord an Appiani

IV Fallende Handlung mit retardierendem Moment

(Lustschloss des Prinzen)
Entlarvung der Intrige durch Orsina
Übergabe des Dolches an Odoardo

V Katastrophe

(Lustschloss des Prinzen)
Odoardos Verzicht auf Rache
Emilias Tod
Marinellis Verbannung
Enttäuschung des Prinzen

II Steigende Handlung mit erregendem Moment

(Messe: Gespräch Prinz/Emilia)
(Haus der Galottis)
Furcht Odoardos
Geständnis Emilias
Appianis Ablehnung des Auftrags des Prinzen
Duellforderung

I Exposition

(Kabinett des Prinzen)
Skizzierung des Konflikts:
Liebe des Prinzen zu Emilia vs.
bevorstehende Verbindung Emilia/Appiani

inneren Anteilnahme am dramatischen Geschehen nennt Lessing „sympathisieren". Andernfalls bleibe von all den im Theater empfundenen Regungen nichts in uns zurück. Nicht die auf der Bühne dargestellten, sondern die im Zuschauer erregten Leidenschaften sollen gereinigt und im aufklärerischen Sinn in „tugendhafte Fertigkeiten" verwandelt werden.

Damit aber das Publikum inneren Anteil am tragischen Geschehen nehmen könne, fordert Lessing Helden vom gleichen „Schrot und Korn". Die sogenannte Ständeklausel, die den Gepflogenheiten des antiken Dramas entspricht und noch zu Gottscheds Zeit die Regel ist, wird von Lessing überwunden. Seine Dramen sind für ein bürgerliches Publikum gemacht, sie sollten es ansprechen, bilden und zum Positiven verändern. Insofern ist es nur folgerichtig, wenn auch die tragischen Helden nun vermehrt Bürgerliche sind, was bei Lessing allerdings eher eine Gesinnung als eine soziologische Standeszugehörigkeit umschreibt. Die Überwindung der Ständeklausel in der Tragödie generiert auch eine neue Gattung: das bürgerliche Trauerspiel (vgl. S. 78: „Die Geschichte der Gattung").

Überwindung der Ständeklausel

Mit Aristoteles und in Ablehnung der klassizistischen Dramen fordert Lessing auch den gegen die Ständeklausel gerichteten „gemischten Charakter", mit dem sich der bürgerliche Zuschauer identifizieren kann. Übermenschliche Heroen werden ebenso abgelehnt wie unmenschliche Schurken, da beide auf der Bühne distanzierende Effekte erreichen: übersteigerte Bewunderung bzw. Abscheu. Sie widersprechen den Erfahrungen und Erkenntnissen der Wirklichkeit. Vielmehr bestimmt eine Mischung aus Tugend und Laster das Wesen des Menschen, worin sich der Zuschauer wiedererkennen kann. Gemischte Charaktere sind also nicht selten ambivalente Figuren, deren Deutung zu widersprüchlichen Ergebnissen führen kann. Dies gilt beim Drama „Emilia Galotti" vor allem für die (bürgerliche)

Gemischter Charakter

Titelfigur, aber auch für Angehörige des Adels wie beispielsweise Orsina oder den Prinzen.

Richtungswei-
sende Dramen-
konzeption
Lessings Dramenkonzeption überwindet also, in Auseinandersetzung vor allem mit der Poetik des Aristoteles und des
französischen Klassizismus, die geltende Theaterpraxis seiner Zeit und nimmt eine Schlüsselposition in der Literaturgeschichte ein. Richtungsweisend ist seine Dramenkonzeption für das Drama der Weimarer Klassik Goethes und Schillers. Auch viele spätere dramaturgische Theorien, etwa das
epische Theater Brechts, beziehen sich auf Lessing, wenn
auch in Form einer Abgrenzung gegen sein Konzept.

Die Geschichte der Gattung

Ausdruck der
Emanzipation des
Bürgertums
Der Ausdruck „bürgerliches Trauerspiel" ist zur Zeit seiner
Entstehung ein Paradoxon. Tragödien spielten in der Welt
des Adels und waren auch hauptsächlich für die Hofgesell-
schaft bestimmt. Daneben gab es das bürgerliche Lust-
spiel. Das bürgerliche Trauerspiel entstand erst im Zuge der
Emanzipationsbewegung des Bürgertums, das sich damit
eine Präsentations- und Identifikationsplattform schuf.

Der Begriff
„bürgerlich"
Der Begriff „bürgerlich" in der Gattungsbezeichnung ist
grundsätzlich kein soziologischer, sondern vielmehr ein
ethisch-moralischer; Lessing selbst etikettiert das in seinen
Dramen spezifisch zum Ausdruck kommende bürgerlich-
aufklärerische Bewusstsein sogar als „allgemein menschlich". Auch der zeitgenössische Wortgebrauch von „bürgerlich" diente nicht primär der Kennzeichnung einer sozialen Schicht, sondern zur Charakterisierung bestimmter
Verhaltensweisen im Sinne von „privat", „nicht standesge-
bunden" oder „häuslich": Tugend und Moral waren für
Lessing standesunabhängige Postulate.

„Miss Sara
Sampson"
Lessings „Miss Sara Sampson" (1755) wird allgemein als
das erste deutschsprachige (bürgerliche) Trauerspiel be-

trachtet. Statt Politik und Öffentlichkeit herrscht eine familiäre und mitmenschliche Atmosphäre vor, in der keine übermenschlichen Heroen mehr anzutreffen sind. Lessing geht es vor allem um die Identifikation und das Mitleid der Zuschauer, das zu ihrer sittlichen Besserung führen soll. Der Ständekonflikt wird – anders als im Drama „Emilia Galotti" – so gut wie gar nicht thematisiert, die Handlung spielt überwiegend im privaten Umfeld adeliger Kreise.

Einen ersten Höhepunkt des bürgerlichen Trauerspiels markiert der im Drama „Emilia Galotti" geäußerte scharfe Protest gegen die absolutistische Willkür. Allerdings lassen der Verzicht auf eine eindeutige Ständezuordnung der Familie Galotti im Personenverzeichnis sowie die Vielfalt der adeligen Figuren (hinsichtlich Funktion und rechtlicher Stellung) eine vereinfachende Gegenüberstellung von Bürgertum contra Adel nicht zu. Letztlich geht es Lessing um die Gegenüberstellung verschiedener Wert- und Moralvorstellungen, wie sie eben am Hofe des Prinzen einerseits und im Hause Galotti andererseits zum Ausdruck kommen. Die Tugenden Odoardos, die verinnerlichte Frömmigkeit Emilias, Appianis Bewunderung für die Rechtschaffenheit Odoardos, die Menschlichkeit des bürgerlichen Rates Camillo Rota, die Wandlung der Gräfin Orsina zur „Aufklärerin" und sogar das Bewusstsein des Prinzen für die Tugenden Emilias – all dies sind bürgerlich-tugendhafte Ansätze einer Gesinnungsgemeinschaft und nicht nur des bürgerlichen Standes.

> „Emilia Galotti" als erster Höhepunkt

Neben „Emilia Galotti" findet der Konflikt zwischen Bürgertum und Adelswillkür in Schillers Drama „Kabale und Liebe" (1784) die sprachlich und dramatisch geschlossenste Ausformung. Vieles ist hier offensichtlich nach Lessing gestaltet, etwa das Figurenpersonal und insbesondere das Prägnante und Geschliffene der Dialoge. Der junge Stürmer und Dränger Schiller arbeitet jedoch im Gegensatz zu Lessing mit allen Mitteln der Übersteigerung.

> Schillers „Kabale und Liebe"

Hebbels „Maria Magdalene" ...

Mit Friedrich Hebbels bürgerlichem Trauerspiel „Maria Magdalene" (1844) richtet sich der Fokus auf kleinbürgerliche Moralvorstellungen und die Selbstzerstörung der Familie aufgrund verinnerlichter starrer Normen. Damit vollzieht sich die Tragik des Geschehens auf der zweiten Stufe des bürgerlichen Trauerspiels *innerhalb* desselben sozialen Standes.

... und Kroetz' „Maria Magdalena"

In Franz Xaver Kroetz' modernerer Version „Maria Magdalena" (1972), die die Personenkonstellation von Hebbel übernimmt, erhält die Tragödie Züge der Komödie: Geld und ökonomische Kategorien bestimmen die Beziehungen zwischen den Menschen – die Moral eines gesamten gesellschaftlichen Systems wird entlarvt.

Soziale Dichtung im Naturalismus und Expressionismus

Auf der dritten Stufe des bürgerlichen Trauerspiels deckt der Naturalismus gesellschaftskritisch die Lebenslüge des selbstzufriedenen Bürgertums auf und vertritt ihm gegenüber oft die Forderungen des rechtlosen Arbeiterstandes. Damit wird das bürgerliche Trauerspiel zur sozialen Dichtung, die sich im Expressionismus und Surrealismus mit ihrer Forderung nach einer Erneuerung des ganzen Menschen bis zur Verzerrung und Karikatur steigert.

Entwicklung des bürgerlichen Trauerspiels

Insgesamt spiegeln die drei grundsätzlichen Möglichkeiten des bürgerlichen Trauerspiels – Konflikt Adel/Bürgertum, Konflikt innerhalb desselben Standes, Kritik an der bürgerlichen Weltordnung – die Entwicklung des Bürgertums wider: Nach einer Phase der Entfaltung des bürgerlichen Selbstbewusstseins im 18. Jahrhundert wird das bürgerliche Trauerspiel später zum Ausdruck gescheiterter Aufklärung – gescheitert insofern, als sich die Ideale des Bürgertums von Gleichheit und Menschlichkeit nicht nur nicht verwirklichen, sondern ins Gegenteil verkehren.

Entstehungsgeschichte des Dramas „Emilia Galotti"

Die zwei maßgeblichen Quellen Lessings sind bei Titus Livi-us[1] („Ab urbe condita III", 44 ff.) und Dionysios von Hali-karnass[2] („Antiquitates Romanae XI", 28 f.) zu finden. Charakteristisch ist der durch und durch politische Zuschnitt dieser beiden Versionen der Virginia-Geschichte vom Ende des ersten Jahrhunderts v. Chr.:

Virginia-Stoff

Während der Ständekämpfe zwischen Patriziern (Ober-schicht) und Plebejern (einfaches Volk) wird der Diktator Appius Claudius von heftigem sinnlichen Verlangen nach einem jungen Plebejer-Mädchen namens Virginia ergriffen. Seine Macht missbrauchend, versucht er, sie in seine Gewalt zu bringen. Fast gelingt ihm dies, doch wird Virginia von ihrem eigenen Vater erstochen – um ihr die Freiheit zu bewahren. Wie Livius berichtet, ist ihr Tod das Signal für Volksunruhen, die dann im weiteren Verlauf zum Sturz des Appius führen.

Lessing entscheidet sich für eine bürgerliche Variante des Virginia-Stoffes, für eine „bürgerliche Virginia", wie er selbst es in einem Brief an Friedrich Nicolai formuliert. Er überträgt die Idee des heroischen Römerdramas unter Verzicht auf das republikanisch-revolutionäre Ende ins bürgerliche Milieu seiner Gegenwart und stellt das individuelle Schicksal der Familie Galotti ins Zentrum. Livius wollte den Tod der geopferten Virginia angesichts des Sittenverfalls in der Republik noch als eine heroisch vaterländische Tat verstanden wissen. Lessing hingegen ist der Ansicht, dass das Schicksal einer Tochter, die vom eigenen Vater umgebracht wird, um ihre Tugend zu wahren, an sich schon tragisch genug sei, um die Seele des Zuschauers zu erschüttern.

Lessings „bürgerliche Virginia"

---

[1] Titus Livius (59 v. Chr. – 17 n. Chr.): römischer Geschichtsschreiber
[2] Dionysios von Halikarnass (um 54 v. Chr. – um 8 n. Chr.): griechischer Redner und Geschichtsschreiber

Politische Implikationen bei Lessing

Dennoch ist auch Lessings Interpretation der Virginia-Sage nicht gänzlich frei von politischen Implikationen: Er führt den Zuschauern einen despotischen Prinzen vor, der um seiner persönlichen Lust nicht einmal davor zurückschreckt, das Leben seiner ihm anvertrauten Untertanen zu opfern. Zwar hatte Lessing den Schauplatz des Dramas aus dem Deutschland seiner Zeit in das Italien des 17. Jahrhunderts verlegt, um allzu offensichtliche Identifikationen zu vermeiden. Doch fordert gerade diese Distanzierung wohl auch eine Übertragung heraus. Ob man jedoch in Lessings Trauerspiel den historischen Konflikt Adel kontra Bürgertum als den zentralen Konflikt betrachtet oder vor allem den „inneren" Konflikt Emilias gestaltet sehen mag, hängt letztlich vom Standpunkt des Betrachters ab.

Livius' Virginia und Lessings Emilia – ein Vergleich

Appius Claudius (Patrizier) vs. Virginius (Plebejer)	Gegenspieler	Prinz Hettore Gonzaga (Adeliger) vs. Odoardo Galotti (Offizier)
Verführung Virginias	Absicht des Herrschers	Verführung Emilias
Tötung Virginias zum Erhalt der Freiheit	Reaktion des Vaters	Tötung Emilias auf eigenen Wunsch als Schutz vor der Gewalt der Verführung
Öffentlichkeit (Forum)	Schauplatz	Privatsphäre (Lustschloss)
öffentlicher Aufruhr, Umsturz *Appius:* Selbstmord	Konsequenzen	keine politischen Konsequenzen *Odoardo:* Unterwerfung unter Gerichtsbarkeit des Prinzen, Verweis auf göttliche Gerechtigkeit *Marinelli:* Verweis vom Hofe *Prinz:* Einsamkeit

Faksimile einer Manuskriptseite vom Drama „Emilia Galotti"

Lessings Gestaltung des Stoffes vollzieht sich im Wesentlichen in drei Etappen, die sich über 14 Jahre hin erstrecken: Schon 1757/58 entscheidet er sich für die Hervorhebung des Privaten und die weitgehende Absonderung des Virginia-Schicksals vom Staatlich-Politischen. In seinen Hamburger Jahren erweitert er das Drama von drei Akten auf fünf Akte, von einer reinen Bühnenversion hin zu einer Druckfassung. Im zweiten Wolfenbütteler Winter (1771/72) widmet er sich dem Stoff erneut und gelangt dann rasch zu einer Vollendung des Werks.

14 Jahre
Entstehungszeit

Uraufführung Die Uraufführung, bei der Lessing aus Krankheitsgründen und wohl auch aus Scheu vor der unmittelbaren Zuschauerreaktion nicht anwesend ist, findet am 13. März 1772 statt, und zwar zu Ehren des Geburtstags der Herzogin von Braunschweig. Angesichts zahlreicher deutlicher Anspielungen auf eben diesen Hofe war dies sicher ein recht pikantes Unterfangen. Doch die Hofgesellschaft feiert das revolutionäre Trauerspiel. Es folgen rasch weitere Aufführungen in zahlreichen deutschen Städten. Die Resonanz ist groß und über den Schlussakt und insbesondere die Frage, warum Emilia sterben muss, gibt es sofort lebhafte Debatten, die bis auf den heutigen Tag ungebrochen sind.

Wirkung und Rezeption des Dramas

Ein „deutscher Shakespeare" In den positiven Kritiken wird Lessing häufig als ein „deutscher Shakespeare" gelobt, vor allem wegen der straffen Handlungsführung, aber auch aufgrund der Natürlichkeit seiner Sprache, die jede Figur als einen bestimmten Charakter zeichnet. Statt nur einer oberflächlichen Rührung wird dem Drama tiefe Ergriffenheit als Wirkung attestiert. Eben Lessings Lakonismus[1] sei es, der – wie später im epischen Theater Brechts par excellence – die emotionale Wirkung erhöhe. Er fordert aber zugleich zu psychologisierender Ergänzung auf, womit das Rätselraten über das Motiv, das hinter Emilias Todeswunsch steht, beginnt.

Negative Kritik der Zeitgenossen Von Anfang an mischen sich in die Zustimmung zu Lessings Werk auch offene Zweifel: Die Handlungsführung erscheint zu konstruiert, die Kausalverknüpfung der Szenen nicht von der unmerklichen Notwendigkeit der tragischen Entfaltung geprägt und der Zuschauer werde in seinen Leidenschaften und Affekten verunsichert. Das Stück löse

---

[1] Lakonismus: kurze, bündige Ausdrucksweise

zwar eine starke Gefühlsbewegung aus, zugleich aber verweigere sich das Drama „Emilia Galotti" einer tränenseligen affirmativen[1] Identifikation, die das Publikum erwarte. Viele Kritiker sind der Meinung, dass Lessing seine in der „Hamburgischen Dramaturgie" selbst erhobenen Forderungen bezüglich der Wirkung eines Trauerspiels mit seiner „Emilia Galotti" nicht einlösen könne.

Schreibt Nicolai in einem Brief an Lessing noch, das Stück sei wie „ein Rock auf den Zuwachs gemacht, in den das Publikum noch hineinwachsen" müsse, kristallisiert sich in der Rezeption bis heute heraus, dass angesichts der Fülle an unterschiedlichen Deutungen schon der Anspruch fragwürdig ist, die ursprüngliche Absicht des Autors rekonstruieren zu können. Lessings Trauerspiel „Emilia Galotti" gehört zweifelsohne zu den am meisten interpretierten Texten der deutschsprachigen Literatur, sowohl neben als auch auf der Bühne. Zwar konnte die Rätselhaftigkeit besonders des Dramenschlusses nie beseitigt werden, doch hat die Fülle an unterschiedlichen Deutungsmustern dem Werk auch seine Lebendigkeit erhalten.

Rezeption bis heute

Dabei beschreiten die neuen Inszenierungen des Dramas bislang ungekannte Deutungswege. Michael Thalheimer beispielsweise baut in seiner Inszenierung am Deutschen Theater in Berlin 2001 das Stück nach einer Streichung von etwa 95 Prozent des Textes in seiner eigenen Theatersprache völlig neu auf. Er untermalt es mit dem sanften Dreivierteltakt eines Walzers und der Zuschauer spürt von Anfang an, dass es kein Entrinnen aus der Zwangsläufigkeit des dramatischen Geschehens gibt: Die betörend gnadenlose Melodie führt in den Tod. Kleinste Bewegungen und subtile Berührungen zwischen dem Prinzen und Emilia machen deutlich, dass es vor allem um die Dynamik einer verzehrenden Leidenschaft geht, um unerfüllte Sehnsucht.

Neue Deutungswege

---

[1] affirmativ: bejahend, bestätigend

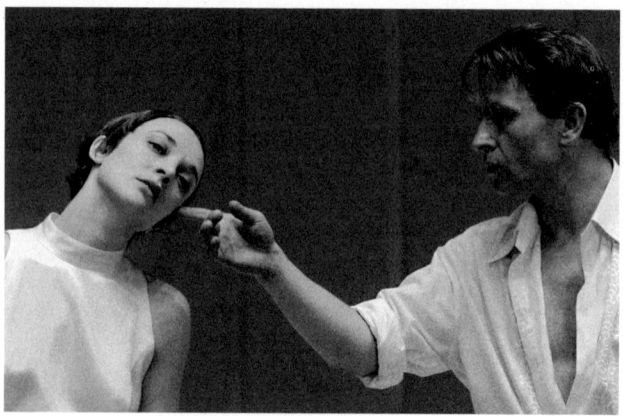

Der Prinz und Emilia (Deutsches Theater Berlin, 2001)

Am Ende ergreift Emilia die Pistole, das einzige Requisit im sonst leeren Bühnenraum, und verlässt ihn durch eine Tür. Es fällt kein Schuss, doch das Stück endet mit einem Ausrufezeichen.

Verfilmungen Der Theaterklassiker „Emilia Galotti" ist mehrfach verfilmt worden, zuletzt 2005 durch den Berliner Regisseur und Drehbuchautor Henrik Pfeifer. Sein Film „Emilia" erzählt von Menschen im heutigen Berlin, die aber in der Originalsprache Lessings sprechen. Denn Lessings Sprache zu erhalten und jungen Menschen näherzubringen, ist eines der Hauptziele des Films. Wie in der Originalvorlage besteht ein großer gesellschaftlicher Unterschied zwischen den beiden Protagonisten Hettore und Emilia – im Film ist es ein Theaterstar, der sich in eine kleine Pizzabäckerin verliebt. Das Ende des Films weicht von der Dramenvorlage ab: Emilia tötet sich selbst und lässt nicht den Vater die Tat verüben. Die Deutung, dass Emilia ihren Selbstmord vortäuscht, ist möglich, es kann aber auch sein, dass es Hettore im entscheidenden Moment gelingt, den Selbstmord zu verhindern.

Das Drama „Emilia Galotti" in der Schule

Der Blick auf die Figuren: Die Personencharakterisierung

Eine literarische Figur charakterisieren – Tipps und Techniken

Charakterisiert man eine Figur aus einem dramatischen Text, muss man sich sowohl auf die **äußeren Merkmale** als auch die **inneren Wesenszüge** konzentrieren, um den gesamten Charakter zu erfassen.

Grundsätzlich gilt: Die Darstellung einer literarischen Figur kann sich nur aus den Informationen zusammensetzen, die im Text vorhanden sind. Dabei unterscheidet man zwischen direkter und indirekter Charakterisierung:

Bei der **direkten Charakterisierung** werden einer Figur ausdrücklich bestimmte Merkmale zugeschrieben. Als Textbelege zieht man Aussagen der Figur über sich selbst (Selbstcharakteristik) oder Aussagen anderer Figuren des Textes (Fremdcharakteristik) heran. Bei einem dramatischen Text sind auch das Personenverzeichnis sowie Regieanweisungen mitzuberücksichtigen.

Bei der **indirekten Charakterisierung** muss der Leser selbst eine Eigenschaft aufgrund eines Merkmals erschließen. Dabei werden aus dem dargestellten Verhalten der Figur Schlussfolgerungen gezogen, d. h. Charakterzüge abgeleitet. In einem Dramentext charakterisieren sich die Figuren insbesondere durch ihre sprachlichen Handlungen, aus denen sich allgemeine Wesenszüge ableiten lassen.

Bei einer abschließende **Gesamtbewertung** der Figur könnte die charakterisierte Figur im Kontext der anderen Figuren betrachtet werden, indem Parallelen und Gegensätze zu ihnen herausgestellt werden und ihre Beziehungen zueinander herausgearbeitet werden (vgl. Grafik „Personenkonstellation", S. 10). Auch die Frage, ob mit der betrachteten Figur ein individueller Charakter oder ein Typus dargestellt wird, könnte ins Zentrum der abschließenden Betrachtungen gestellt werden. Bei „Emilia Galotti" als einem Drama der Aufklärung bietet sich eine Aussage über das Verhältnis der betrachteten Figur zur Aufklärung an.

Die besondere Meisterschaft Lessings als Dramenautor zeigt sich in der Gestaltung sogenannter **„gemischter Charaktere"**. Übermenschliche Heroen lehnt Lessing ebenso ab wie unmenschliche Schurken, da sie den Erfahrungen und Erkenntnissen der Wirklichkeit widersprechen. Gemischte Charatere sind demzufolge Figuren, die Tugend und Laster in sich vereinen und deren Deutung aufgrund ihrer Ambivalenz zu widersprüchlichen Ergebnissen führen kann, was beim Drama „Emilia Galotti" vor allem für die Titelfigur, aber auch für weitere Figuren wie beispielsweise Orsina oder den Prinzen gilt.

Bei der Erarbeitung literarischer Charakterisierungen zum Drama „Emilia Galotti" können unter anderem folgende Aspekte und Leitfragen von Bedeutung sein:

1. Personalien und sozialer Status
- Was erfahren wir über den Namen, das Geschlecht, die Herkunft, das Alter und den Beruf der Figur?
- Welche Informationen gibt es zur Vorgeschichte der Figur?
- Gehört die Figur der Lebenswelt des Adels oder des Bürgertums an – auch im ethisch-moralischen Sinn (vgl. Begriff „bürgerlich", S. 78)?

- Welches Verhältnis hat sie zu der Welt, der sie angehört?

2. Wesentliche Charaktereigenschaften

- Was erfährt man über die äußeren Merkmale der Figur?
- Was sind ihre hervorstechenden Wesensmerkmale und Charakterzüge?
- Welche weltanschaulichen Einstellungen sind erkennbar?
- Welches Bild hat die Figur von sich selbst, welches haben andere von ihr?
- Stellt die Figur einen individuellen Charakter oder einen Typus dar?
- Zeigt die Figur eine Veränderung in ihren äußeren Merkmalen bzw. eine innere Entwicklung?
- Scheitert die Figur oder wächst sie an ihren Aufgaben?
- Welcher Art sind die Beziehungen zu anderen Figuren?
- Gibt es Parallelen und relevante Gegensätze zu anderen Figuren?
- Gibt es direkte Gegenspieler?

3. Sprachgebrauch und Sprachverhalten

- Wie kann man den Sprachgebrauch der Figur beschreiben (Sprachebene, Sprachstil, Satzbau, Wortwahl etc.)?
- Welche kommunikativen Aussagen werden durch die nonverbale Kommunikation (Gestik, Mimik, Körperhaltung) transportiert?
- Welches Gesprächsverhalten zeigt die Figur und welche Gesprächsstrategien verfolgt sie?
- Welche Aussagen lassen sich aus dem Verhältnis der Gesprächsanteile ableiten?

4. Zusammenfassende Bewertung
- Welche Gesamtdeutung der Figur ergibt sich aus den unter 1. – 3. gewonnenen Erkenntnissen?
- Welchen Stellenwert hat die Figur im Drama?
- Ist sie – im Sinne Lessings – als eine aufgeklärte Figur konzeptioniert?

Diese Zusammenstellung soll nicht als schematisches Gliederungsmodell verstanden werden, sondern während der Erarbeitungsphase der Charakterisierung als „Checkliste" hilfreich sein.

Emilia Galotti – die Hauptfigur

1. Personalien und sozialer Status

Emilia ist vor allem durch ihre Rolle als Tochter von Odoardo und Claudia Galotti definiert. Sie gehört vermutlich dem höheren Bürgertum, möglicherweise sogar dem niederen Adel an, wie die Stellung ihres Vaters als ehemaliger Offizier es vermuten lässt (vgl. S. 18, Z. 7). Anders als ihr Vater, der das Landleben außerhalb der Residenz fernab vom Hofe vorzieht, lebt sie mit ihrer Mutter in einer Stadtwohnung (vgl. Szene II,4).

2. Wesentliche Charaktereigenschaften

2.1 Emilia in der Wahrnehmung anderer

Bevor Emilia selbst auftritt, erfährt der Zuschauer schon, was andere Figuren von ihr denken und in sie hineinprojizieren. Diese Aussagen anderer über sie sind allerdings nicht deckungsgleich. So weiß der Zuschauer nicht, wer sie *wirklich* ist.

Emilia als Inbegriff von Schönheit

Für den Prinzen ist Emilia Galotti Anlass zu Schwärmerei (vgl. v.a. Szene I,5) und Grund für kopflose Entscheidungen (vgl. Szene I,1). Sie ist für ihn ein „Meisterstück der Natur" (S. 14, Z. 26) und entfacht ein heftiges Besitzverlangen in ihm, das er mit allen Mitteln zu stillen bereit ist (vgl. S. 20, Z. 9 ff.). Auf der Bühne leibhaftig präsent ist Emilias „Bildnis", das der Maler Conti von ihr angefertigt hat: Auch für diesen ist sie der Inbegriff und geradezu ein Anschauungsobjekt weiblicher Schönheit (vgl. S. 13, Z. 31 f.).

Damit erscheint Emilia zu Beginn des Dramas als eine Lichtgestalt und Kristallisationsfigur allen Liebreizes und aller Schönheit – ein Bild, das Marinelli brutal zerstört: Für ihn ist Emilia eine „Ware" (vgl. S. 19, Z. 38), eine billige dazu, erstens aus zweiter Hand (vgl. S. 20, Z. 1 ff.) und zweitens ja nur ein „Mädchen ohne Vermögen und ohne Rang" (S. 16, Z. 36), wenngleich im Besitz von „Tugend und Gefühl und Witz" (S. 17, Z. 2).

Emilia als „erschwingliche" Ware

Emilia und der Prinz (Deutsches Theater Berlin, 2001)

All dem gegenüber steht der Erwartungsanspruch Odoardos an Emilia: Als Träger der obersten Autorität innerhalb der Familie fordert er von seiner Tochter unbedingte Pflichterfüllung (vgl. Szenen II,2 und II,4). Insofern ist Emilia für ihren Vater Projektionsfläche von Reinheit und Sinnbild von Tugendvollkommenheit: Sie hat das zu sein, was er von ihr erwartet. Auch Emilias Verbindung mit Appiani muss als Resultat eines gewissermaßen kindlichen Gehorsams gedeutet werden: Zärtlichkeit und Leidenschaft finden hier nicht statt, vielmehr projiziert auch Appiani vor

Emilia als Sinnbild der Tugendvollkommenheit

allem seine Vorstellungen von einer frommen Gattin auf Emilia (vgl. z. B. S. 34, Z. 8 ff.).

Das ambivalente Bild von Emilia

Insgesamt entsteht in den ersten beiden Akten des Dramas das völlig ambivalente Bild einer kindlichen Emilia, die der „Zerreißprobe" zwischen „Tugendengel" und „Schönheitsobjekt" niemals standhalten kann. Das Gewaltpotenzial der Bildnisse, die Emilia übergestülpt werden, die ihre Individualität ersticken und ihre Selbstentfaltung verhindern, relativiert gar die Intrigen Marinellis und des Prinzen.

2.2 Emilias Entwicklung

Emilias anfängliche Naivität

All diesen Rollenerwartungen zum Trotz wirkt Emilia bei ihrem ersten direkten Auftreten auf der Bühne in Szene II,6 auf den Zuschauer noch wie ein Kind – völlig unerfahren und ohne elterlichen Schutz der „Sprache der Galanterie" (S. 32, Z. 33) nicht gewachsen. Sie selbst bezeichnet sich als „albernes, furchtsames Ding" (S. 32, Z. 25 f.) und fügt sich willenlos den Einsichten ihrer Mutter (vgl. S. 32, Z. 14 f., 23 f.). Kein Wunder – denn ihre Erziehung vermittelt Emilia eine doppelte Botschaft: zum einen, dass die Welt außerhalb der Familie lasterhaft sei, zum anderen, dass sie selbst als Frau den Schutz der Familie bedürfe, um ihre Unschuld zu wahren – und dass sie *allein* dazu nicht fähig sei.

Emilias neues Selbstbewusstsein

Mit der höfischen Intrige, die mit dem Fortschreiten des Dramas in Gang kommt, wächst Emilia jedoch immer mehr über sich selbst hinaus. Begegnet sie dem Zuschauer in Szene III,5 noch als demütig dem Prinzen gegenüber (vgl. S. 49, Z. 17 f.) und folgt sie ihm – zwar *„nicht ohne Sträuben"* (S. 50, Z. 5), aber mehr oder weniger willenlos – in seine Privatgemächer, so wandelt sie sich mehr und mehr zu einer entschiedenen Vertreterin aufklärerischen Denkens, indem sie in Szene V,7 im Gespräch mit Odoardo den Verfügungsanspruch des Fürsten selbstbewusst zurückweist: „Reißt mich? bringt mich? – Will mich reißen, will mich bringen: will! will! – Als ob wir, wir keinen Willen hätten, mein Vater!" (S. 83, Z. 22 ff.) Sie mutiert zur wahrhaft „Entschlossenste[n] [ihres] Geschlechts" (S. 71, Z. 26 f.)

und widersetzt sich allen Ansprüchen an ihre Person – auf die ihr eigene Art.

Die tragische Konsequenz aus der Tatsache, nicht ein eigener, über sich selbst frei bestimmender Mensch zu sein, ist für Emilia in einer Welt, die durch die konfliktträchtige Beziehung von Adel und Bürgertum geprägt ist, nur der Tod. Emilias Ansinnen, die durch die Begegnungen mit dem Prinzen geweckte Sinnlichkeit in ihre Persönlichkeit zu integrieren, scheitert einerseits an dem Besitzanspruch des Prinzen auf ihre Person, andererseits an den rigiden Moralvorstellungen des Vaters.

Emilias Scheitern an den Ansprüchen auf ihre Person

Emilia selbst spricht von der „Gewalt" (S. 84, Z. 1 ff.), an der sie scheitert. Zunächst versteht sie darunter äußere Zwänge, durch die Menschen unterdrückt werden, die sich aber so sichtbar manifestieren, dass man dagegen ankämpfen kann. Die „wahre Gewalt" komme jedoch von innen, es ist die Gewalt der „Verführung" (vgl. S. 84, Z. 3). Man mag Emilia am Ende als konfliktscheu bezeichnen, wenn man ihren Tod schlichtweg als *Flucht* aus dem oben dargestellten Identitätskonflikt begreift. Viel eher aber war es Lessings Anliegen, in ihr eine junge Frau mit erheblichem aufklärerischen Potenzial zu zeigen, die über sich selbst hinauswächst und mutig gegen Autoritäten aufbegehrt. Vor allem nämlich wird ihr Tod als Aggression gegen den Prinzen wegen der veranlassten Ermordung Appianis und der Gewalt der Verführung, die von ihm ausgeht, aufgefasst. Mit dieser Variante deutet Lessing die emanzipatorische Energie an, mit der der Schwache der Unterdrückung und Gewalt trotzen kann.

Emilias Selbstopfer und seine Deutung

In Emilias Sprachgebrauch spiegelt sich ihre innere Entwicklung wider. Ihre innere Unruhe nach der ersten Begegnung mit dem Prinzen in der Kirche zeigt sich an ihrem gehetzten Sprechen, an ihren elliptischen Phrasen, ihren Ausrufen (vgl. S. 29, Z. 7 ff.), vor allem an ihren stockenden Worten, als sie der Mutter von der Begegnung berichtet (vgl. S. 30, Z. 1 ff.). Ihre Angst vor der unbestimmten Macht, die über sie hereinstürzt, kommt durch das Pronomen „es", mit dem sie den Prinzen bezeichnet, zum Ausdruck (vgl. S. 30, Z. 13 ff.).

Unterwürfiges Sprachverhalten zeigt sich noch in der zweiten Begegnung mit dem Prinzen in Szene III,5, den Emilia „gnädige[n] Herr[n]" (S. 49, Z. 17 f.) nennt. Ganz anders äußert sie sich, als sie am Ende des Dramas zu neuem Selbstbewusstsein gefunden hat: Die Ich-Anapher (vgl. S. 84, Z. 3 ff.) in ihren Aussagen über Emilias eigene Verführbarkeit lässt deutlich werden, dass sie die Fesseln der Abhängigkeit von allen Autoritäten abgestreift hat. Im Tode findet Emilia letztlich zu einer großen Sicherheit in ihrem Tun, die sich in wohl gesetzten Worten und der metaphernreichen Sprache im Moment des Sterbens widerspiegelt (vgl. S. 85, Z. 3 f.).

4. Zusammenfassende Bewertung

Aus Emilias Worten und ihrem Handeln spricht das neue Selbstbewusstsein des Bürgertums. Zwar gibt es noch kein aktives Auflehnen ihrerseits, keine Revolution, sondern nur das eher resignative Selbstopfer als Ausweg, aber in der Emilia-Figur, die im Laufe des Dramas über sich selbst hinauswächst, wehrt sich bereits das kritische Bewusstsein des Bürgers – und das ist die Vorstufe realer Opposition.

Odoardo Galotti

1. Personalien und sozialer Status

Odoardo Galotti, der Vater Emilias und Gatte Claudias, diente einst als hoher Offizier (vgl. S. 18, Z. 7) in der Armee des Prinzen, zog sich dann aber aus dem Militärdienst zurück und lebt seitdem auf einem Landgut außerhalb der Residenz. Insgesamt ist es schwierig, Odoardo und seine Familie eindeutig der bürgerlichen Sphäre zuzuordnen, da ihr Lebensstil sie durchaus als Angehörige des niederen Adels charakterisieren könnte und die Offizierslaufbahn, die Laufbahn für den Adel schlechthin, auch gegen den einfachen Bürgerstatus spricht. Allerdings ist Odoardo Angehöriger der bürgerlichen *Werte*welt, die allem Höfischen gegensätzlich gegenübersteht.

Ähnlich wie bei Emilia wird der Charakter Odoardos zunächst indirekt eingeführt. Der Prinz bezeichnet ihn als jemanden, der dem Hofleben distanziert gegenüberstehe (vgl. S. 12, Z. 15 ff.): Er sei „stolz und rau, sonst bieder und gut" (S. 12, Z. 17 f.). Dieselbe Vokabel verwendet auch Claudia in ihrer Äußerung, ihr Gatte sei ein Mann „der rauen Tugend" (S. 28, Z. 30 f.). Sein künftiger Schwiegersohn Appiani verehrt Odoardo gar als das „Muster aller männlichen Tugend" (S. 33, Z. 25), dem er in jeder Hinsicht nachzueifern bestrebt ist. Ein harter Rigorismus in den Tugendvorstellungen, eine Ablehnung jeglicher Sinnlichkeit, daneben aber auch eine humane und edle Gesinnung sowie die Unfähigkeit, Gefühle zu zeigen – all dies sind Charakterzüge, die sich in der Odoardo-Figur vereinen.

Odoardo und Claudia Galotti. Gymnasium Goetheschule Hannover, 2010. Inszenierung Holger Warnecke.

Innerhalb seiner Familie ist Odoardo der herrische Patriarch und fordert das bedingungslose Einhalten seiner strengen moralischen Maßstäbe ein. In seinem Misstrauen Ehefrau und Tochter gegenüber glaubt er, trotz der räumlichen Distanz jede Handlung seiner Tochter überwachen zu müssen, denn ein „Fehltritt" (S. 23, Z. 25) sei jederzeit möglich. Mit diesem Kontrollbedürfnis unterdrückt er jede Selbsterfahrung seiner Tochter: Er hütet sie „zu Tode" und legt damit ein selbstzerstörerisches und antiaufklärerisches Verhalten an den Tag, wo doch seine hohen moralischen Ideale eigentlich großes aufklärerisches Potenzial in sich trügen.

Neigung zu Affekthandlungen Odoardos Tugendrigorismus ist mit egozentrischen Impulsen verschmolzen, sodass sein Ehrgefühl vor allem dann wach wird, wenn er an die Annäherungsversuche des Prinzen Emilia gegenüber denkt. Zudem neigt Odoardo zu Generalverdächtigungen, die mehr emotional als tatsächlich rational begründet sind (vgl. z. B. S. 28, Z. 31 f.). Letztlich ist auch die Tötung der Tochter als reine Affekthandlung zu werten, als eine momentane Überwältigung der Vernunft. Klärende Gespräche, die den tragischen Ausgang des Stücks verhindern könnten, finden mit der Gattin ebenso wenig statt wie mit seiner Tochter.

2.3 Odoardos Ablehnung des Höfischen

Rückzug auf das Land Trotz aller Sorge um seine Tochter lebt Odoardo fernab von seiner Familie auf dem Lande (vgl. S. 27, Z. 13 f.), da er den Rückzug aus der dekadenten (Hof-)Gesellschaft als Basis für eine moralische Lebensführung betrachtet. Die Stadt und die Ausstrahlung des Hofes erscheinen ihm so amoralisch und gefährlich, dass er auch seine Tochter am liebsten immer in seiner Nähe auf dem Lande behalten würde.

Verherrlichung einer bürgerlich-autonomen Existenz In dieser Ablehnung des Hoflebens und in dem Glauben an das Idyll einer „vita contemplativa"[1] abseits der Welt der Herrschaft fühlt sich Odoardo vor allem seinem Schwiegersohn wesensverwandt. Durch seine Schwärmerei über Appiani erfährt der Zuschauer auch die Gründe für Odoardos

---

[1] vita contemplativa: betrachtendes (kontemplatives) Leben in Zurückgezogenheit unter Verzicht auf eine Beteiligung am politischen Leben (Gegensatz: vita activa)

Rückzug auf das Land: Appiani will nicht „bücken, schmeicheln und kriechen und die Marinellis auszustechen suchen" (S. 27, Z. 28f.), aber auch nicht „dienen, wenn er dort selbst befehlen kann" (S. 27, Z. 35f.). In Appianis Landsentimentalismus konkretisieren sich für Odoardo die Idealvorstellungen einer bürgerlich-autonomen Existenz.

Odoardo ist jedoch bei Weitem kein Revolutionär gegen die althergebrachte soziale Ordnung. In tragischer Hilflosigkeit ist für ihn vielmehr die ständische Ordnung eine selbstverständliche Lebensvoraussetzung, die er nicht hinterfragt. Beinahe zwingt ihn die Sorge um Emilias Heil zwar dazu, diese Ordnung anzutasten, doch bringt er es letztlich nicht fertig, die Waffe gegen den eigenen Landesherrn zu erheben und zum Tyrannenmord zu gebrauchen (vgl. Szene V,5, bes. S. 80). Sein moralischer Protest gegen die höfische Lebensweise wird kein politischer.

Fehlen revolutionären Potenzials

Odoardos Rolle als pater familias zeigt sich auch an seinem Sprachgebrauch: Im Gespräch mit Claudia werden sein Kontrollbedürfnis und seine Vorwurfshaltung in zahlreichen Fragen und Zurechtweisungen, die er an seine Gattin richtet, deutlich (vgl. z. B. S. 27, Z. 7ff.). Dass Odorado an dem gegen seine Tochter gerichteten Vorwurf der Veführbarkeit innerlich zerbricht, kommt in seiner Unfähigkeit zu vernünftigem Sprachgebrauch während seiner drei Monologe zum Ausdruck. Er gerät ins Stammeln, sein Redefluss wird immer wieder unterbrochen, gegen Ende reiht er nur noch elliptische Satzfetzen aneinander (vgl. S. 81, Z. 31 ff.). In der Sterbeszene löst sich Emilia aus der Abhängigkeit von ihrem Vater, was auch auf der sprachlichen Eben zum Ausdruck kommt: Sie ist es nun, die das Gespräch dominiert und die meisten Redeanteile für sich beansprucht (vgl. Szene V,7). Odoardo, ein gebrochener Mann, kann nur mehr reagieren (vgl. z. B. S. 84, Z. 21 f., 28).

3. Odoardos Sprachgebrauch und Sprachverhalten

Odoardos Mangel an vernünftiger Besonnenheit, der gepaart ist mit seinem strengen Moralismus, macht letztlich

4. Zusammenfassende Bewertung

die Tragik der Figur aus. Am Ende stehen ihm in seinem Wahn nur noch der Weg des Opfers und damit der Selbstvernichtung offen. Er verliert die Beherrschung und im Affekt opfert er seine Tochter einer Tugendidee, die er nicht souverän und menschlich handhaben kann, sondern die sich als starre und von Angst eingeengte Moral erweist.

Wenn er seiner Familie seine Wertvorstellungen aufzwingt, handelt Odoardo letztlich genauso absolutistisch, unbürgerlich und unmoralisch wie sein Feindbild, der Prinz. Durch offene Kommunikation und ein humanes Eingehen auf seine Tochter hätte Odoardo den tragischen Dramenausgang verhindern können. Die Demontage Odoardos als „Tugendhelden" zeigt also, wie Tugend *und* Laster gleichermaßen überall herrschen, am Hofe und fern von ihm.

Claudia Galotti

1. Personalien und sozialer Status

Claudia ist die Gattin Odoardos und gehört somit auch dem Großbürgertum oder dem niederen Adel an. Sie erscheint als eine lebenserfahrene Frau, die trotz der bescheidenen Lebensweise ihres Gatten den Umgang mit dem Adel gewöhnt ist.

2. Wesentliche Charaktereigenschaften

2.1 Claudias Rolle als Gattin

Unterlaufen der Führungsrolle Odoardos

Die Ehe mit dem strengen Moralisten Odoardo ist keine leichte Aufgabe für Claudia. Grundsätzlich akzeptiert sie zwar die Führungsrolle ihres Mannes, doch versucht sie sie zugunsten ihrer Tochter immer wieder zu unterlaufen. Dies zeigt sich beispielsweise darin, dass sie ihm wesentliche Informationen (Fest bei den Grimaldis, Werben des Prinzen um Emilia, Begegnung Emilias mit dem Prinzen in der Messe) lange vorenthält. Dies fasst Odoardo als Vertrauensbruch auf: Unmissverständlich macht er Claudia klar, wer innerhalb der Familie das Sagen hat (vgl. Szenen II,2, II,4, IV,8).

Claudia jedoch beschwichtigt und reagiert, sie versucht Konflikte zu entschärfen und nimmt ihre Tochter in Schutz (vgl. z. B. S. 26, Z. 28 f.). Insgesamt ist Claudia weicher, nachgiebiger und von ihrem Charakter her wirklichkeitsnäher als ihr Mann.

Claudias Beschwichtigungsversuche

Im Umgang mit ihrer Tochter behält Claudia stets die Handlungsinitiative: Sie will für ihre Tochter das vermeintlich Beste, versucht sie in die richtige Richtung zu lenken und übt obendrein eine Art Schutzfunktion aus, indem sie sie gegen ihren Vater verteidigt (vgl. S. 23, Z. 19 ff.).

2.2 Claudias Rolle als Mutter

Teil der Erziehung der Tochter ist es für Claudia, Emilia mit gesellschaftlichem Umgang vertraut zu machen. Daher zieht sie es vor, mit ihr in der Stadt zu leben. Sie besuchen dort gemeinsam Gesellschaften, die Raum lassen für Frivoles, etwa im Hause der Grimaldis (vgl. Szene II,4). Schmeicheleien über die Schönheit Emilias versetzen die Mutter in Entzückung, gar wenn ein Prinz als möglicher Schwiegersohn sie ausspricht (vgl. S. 28, Z. 3 ff.).

Erziehung zur Gesellschaftsfähigkeit

Sie beherrscht das taktische Spiel mit Männern und ist offenbar selbst die „Sprache der Galanterie" (S. 32, Z. 33) gewöhnt. Ihrer in Liebesangelegenheiten noch unerfahrenen Tochter rät sie, Appiani die Wahrheit vorzuenthalten, ihm also nichts von des Prinzen Werben und seinen Nachstellungen zu erzählen (vgl. S. 32, Z. 3 ff.), um ihre Ehe nicht aufs Spiel zu setzen.

Bürgerliches Taktieren

Emilias natürlicher Ehrlichkeit setzt Claudia also bürgerliche Taktiererei entgegen, was mit ihrer Affinität für das Hofleben und dem Wunsch nach gesellschaftlichem Aufstieg und Sozialprestige zusammenhängt. Ihr geht es um Äußerlichkeiten, wie Odoardo ihr mehrfach vorwirft (vgl. S. 27, Z. 10 ff.), und sie hält sich gerne im Dunstkreis des Adels auf. In ihrer Naivität zeigt sie sich allerdings blind für die aufziehende Gefahr, denn anfangs ist sie so leichtgläubig, an ein echtes Interesse des Prinzen zu glauben.

2.3 Wunsch nach gesellschaftlichem Aufstieg

3. Claudias Sprachgebrauch und Sprachverhalten

Claudias Wunsch nach gesellschaftlichem Aufstieg zeigt sich in ihrem „Tone der Entzückung" (S. 28, Z. 18), mit dem sie vom Prinzen und seinem Werben um Emilia berichtet (vgl. S. 28, Z. 3 ff.). Am Ende, als sie endlich das Komplott durchschaut, wechselt Claudia ihren Tonfall: Sie erkennt die wahren Zusammenhänge, wird zu einer „Löwin, der man die Jungen geraubt" (S. 53, Z. 25) hat, und brüllt wütend die Wahrheit heraus: Ihre Schimpftirade gegen Marinelli ist von zahlreichen Ausrufen, Verwünschungen und Drohungen geprägt (vgl. S. 53, Z. 10 ff.).

4. Zusammenfassende Bewertung

Auch Claudia spricht – wie Odoardo – die unmoralischen Verhältnisse schuldig, allen voran in Gestalt von Marinelli und auch des Prinzen. Auch in ihr gibt es somit ein Gefühl für moralisches Verhalten, das jedoch nicht das exzentrische Ausmaß von Odoardos Moralismus erreicht. Damit wird sie am Ende weniger eine tragische Figur wie ihr Mann, auch wenn sie Lessing mit den ahnungsvollen Worten „Ich trenne mich ungern von dem Kinde" (S. 72, Z. 3 f.) von der Bühne entlässt.

Graf Appiani

1. Personalien und sozialer Status

Graf Appiani ist Angehöriger des Geburtsadels. Obwohl ihn der Prinz gerne in seinen Dienst gestellt hätte (vgl. S. 17, Z. 12 f.), lebt er fernab vom Hofe und von der Gesellschaft zurückgezogen auf dem Lande, sozusagen als ein vom Hofe unabhängiger Adeliger (vgl. S. 17, Z. 14 ff.).

2. Wesentliche Charaktereigenschaften

2.1 Appiani zwischen zwei Welten

Ablehnung der Hofgesellschaft

Der Hofgesellschaft überdrüssig, tendiert Appiani trotz seines adeligen Hintergrundes stark zur bürgerlichen Lebenswelt. Dabei stand er dem Hofdienst ursprünglich wahrscheinlich gar nicht so kritisch gegenüber, seine Ablehnung resultiert offenbar aus enttäuschten Erwartungen (vgl. S. 37, Z. 16 f.). Appianis Rückzug aus der Gesellschaft – er wählt die väterlichen Täler als Heimat (vgl. S. 27, Z. 2 f.) – gründet sich auf den Glauben, dass abseits vom Hofe das

stoisch-humanistische Idyll der „vita beata"[1] erfahrbar sei
(vgl. S. 17, Z. 15 ff.).

Die schwärmerische Bewunderung für seinen zukünftigen
Schwiegervater Odoardo, das „Muster aller männlichen
Tugend" (S. 33, Z. 25), hat ihren Ursprung vermutlich da-
rin, dass Appiani gewisse Charakterzüge mit ihm teilt: Ehr-
liebe, Religiosität, Pflichtgefühl und Tugendhaftigkeit –
Werte, die in der höfischen Welt keinen Platz haben.

Bewunderung für Odoardo

Appianis Wunsch nach einem Leben in Zurückgezogenheit
kann man einerseits als eskapistische[2] Realitätsflucht oder
auch als eine Art „Landsentimentalismus" bezeichnen. Sein
Charakter weist insgesamt Wesenszüge des Träumerischen
und Empfindsamen auf, wie sich beispielsweise auch in
den Begegnungen mit seiner Braut Emilia zeigt: Er ergeht
sich in traurig-melancholischen Ausführungen über ihren
Brautschmuck (vgl. S. 34, Z. 35 ff.) und möchte sie wie eine
Märchenfee gekleidet sehen (vgl. S. 35, Z. 13 f.).

2.2 Scheitern seiner Beziehung zu Emilia

Neigung zum Träumerischen

Trotzdem zeigt sich in seinem Verhalten Emilia gegenüber
eine unterkühlte Starrheit, die echte Zärtlichkeit vermissen
lässt (vgl. S. 33, Z. 8 ff.). Appiani liebt weniger die Person
als vielmehr die von ihrem Vater verkörperten Prinzipien
der Moral und Religiosität (vgl. S. 34, Z. 8 ff.). Mit dieser
Haltung löst sich Appiani zwar vom höfisch geprägten
Frauenbild und dessen Objektcharakter. Dennoch gefähr-
det er seine Beziehung zu Emilia durch sein distanziertes
Verhalten.

Fehlen echter Zärtlichkeit

Mit dem Scheitern der Beziehung der beiden scheitert
auch ein Beziehungsmodell, die Ehe eines Adeligen mit einer Bürgerlichen – trotz aller „bürgerlichen" Charakterzü-

Scheitern des Beziehungsmo-dells Adeliger/ Bürgerliche

---

[1] vita beata: beschauliches, unaufgeregtes (Privat-)Leben in Zurückgezogenheit, wo die Person im Mittelpunkt steht und nicht ihre gesellschaftliche Position
[2] eskapistisch: vor der Wirklichkeit und den realen Anforderungen des
Lebens in eine imaginäre Scheinwelt flüchtend

ge Appianis. Die gesellschaftliche Realität sieht das Gelingen einer solchen Verbindung offenbar nicht vor.

2.3 Appiani als Gegenspieler Marinellis

Appianis direkter Gegenspieler ist Marchese Marinelli. Mit dem Auftrag des Prinzen, den Marinelli ihm überbringt, sieht Appiani seinen Lebensentwurf in Gefahr. Er fühlt sich von Marinelli tief in seiner Ehre verletzt, gibt daher seine passive Haltung auf und wird zum offenen Aggressor (vgl. S. 39, Z. 16 ff.): Die Feindschaft der beiden Männer, zwischen dem „verbürgerlichten Adeligen" Appiani und dem „Höfling" Marinelli, gipfelt in der von Marinelli ausgesprochenen Duellforderung (vgl. S. 39, Z. 23 f.). Moralisch gesehen bleibt Appiani in der Auseinandersetzung mit Marinelli, dem Repräsentanten des Hofes, Sieger, indem er sich für seine Braut und gegen den Hofdienst entscheidet. Aber er verkennt naiv die realen Machtverhältnisse, denen letztlich auch er zum Opfer fällt.

3. Appianis Sprachgebrauch und Sprachverhalten

Appiani weist ein hohes Sprachniveau auf, sein Tonfall variiert allerdings je nach seinem Gegenüber: Äußerst gestelzt und umständlich in seinen Formulierungen wirkt er im Gespräch mit Emilia. Seine „Glückseligkeit" (S. 33, Z. 14) angesichts der Eheschließung mit ihr wird in verklärendem Tonfall nahezu poetisch umschrieben (vgl. S. 33, Z. 13 ff.). Generell neigt Appiani dazu, seine wahren Gefühle hinter Worthülsen und komplizierten Satzstrukturen zu verbergen. Lediglich als er von Odoardo schwärmt, gerät er in höchste emotionale Erregung. Ausrufe bestimmen hier seine Rede (vgl. S. 33, Z. 24 ff.). Marinelli hingegen begegnet er mit verächtlichem Tonfall: Zunächst kurz angebunden (vgl. z. B. S. 36, Z. 27), aber das Gebot der Höflichkeit wahrend, wird er am Ende – entgegen seiner Art – sehr direkt und greift sogar zu Schimpfwörtern (vgl. S. 39, Z. 16 f.).

4. Zusammenfassende Bewertung

Appianis Lebenskonzept ist zum Scheitern verurteilt: Sein Tod durch den inszenierten Raubüberfall zeigt, dass es ihm unmöglich ist, „sich selbst zu leben" (S. 27, Z. 3), also ein selbstbestimmtes Leben zu führen, da er sich im politischen Zwangssystem des Absolutismus dem Einflussbereich höfischer Macht nicht entziehen kann und ihr blind ausgeliefert ist. Appiani ist wohl die einzige unschuldige Figur dieses Stücks, die jedoch zur Befriedigung einer fürstlichen Laune zum Opfer intriganter Machenschaften wird.

Hettore Gonzaga

Hettore Gonzaga ist regierender Fürst in einem kleinen Territorium in Oberitalien namens Guastalla. Er ist keine historische Person, sondern der Typus eines mit absolutistischer Willkür und in völliger Verantwortungslosigkeit herrschenden Regenten (vgl. Szene I,8). Allerdings wird im Stück kaum der klassische Repräsentant des landesfürstlichen Absolutismus gezeigt, sondern vor allem der „private" Prinz, der zum Opfer seiner Leidenschaften wird.

1. Personalien und sozialer Status

Bei Prinz Hettore als oberstem Repräsentanten der feudalen Ordnung liegt das Gewaltmonopol. Generell verfügt er über ein uneingeschränktes Weisungsrecht gegenüber all seinen Untertanen. Im Text erscheint er insbesondere als Herr über Leben und Tod (vgl. Szene I,1 und auch S. 85, Z. 29) und auch als Auftraggeber für Kunst (vgl. Szenen I,2 und I,4). Allerdings zeigt der Prinz durchaus Einsichten, die die Sphäre des Hofes problematisieren. Indem er auf „das Zeremoniell, den Zwang, die Langeweile und [...] Dürftigkeit" der sogenannten „ersten Häuse[r]" (S. 17, Z. 21 ff.) verweist, benennt er die Ursachen für die Auflösungserscheinungen der Attraktivität des Hofes. Somit erweist er sich als ein durchaus aufgeklärter Fürst.

2. Wesentliche Charaktereigenschaften

2.1 Der Prinz als absolutistischer Herrscher

Oberster Repräsentant der feudalen Ordnung

Züge des aufgeklärten Fürsten

Seine Hofhaltung, die sich ganz am französischen Vorbild Ludwigs XIV. orientiert, zeichnet sich unter anderem durch großen Luxus und ein florierendes institutionalisiertes Mätressenwesen aus. Das Lustschloss, in dem die Akte III bis V spielen, steht für eben diese Lebensweise. Als ein Mann,

Luxuriöse Lebensweise

der den Freuden des Lebens, sinnlichen Genüssen und wechselnden erotischen Abenteuern nicht abgeneigt ist, besucht der Prinz gerne Feste und Geselligkeiten, wie etwa im Haus Grimaldi (vgl. S. 12, Z. 11 f.), und liebt Ausfahrten mit der Kutsche (vgl. S. 7, Z. 15 ff.) zur bloßen „Zerstreuung" (vgl. S. 27, Z. 10).

2.2 Der Prinz und seine Beziehungen zu Frauen

Frauen mit Objektcharakter

Frauen sind für den Prinzen Objekte, denen unterschiedliche Rollen zugeteilt werden – hier als „Gemahlin", dort als „Geliebte". Seine Beziehungen zu Frauen gründen nicht auf Respekt und Tugend, sondern auf Lust und Liebe – sieht man einmal von seiner Verbindung mit der Prinzessin von Massa ab. Hier begreift sich der Prinz als „das Opfer eines elenden Staatsinteresses" (S. 15, Z. 29).

Regierungspflichten in Konflikt mit subjektiver Befindlichkeit

Die Züge des gierigen und egoistischen Scheusals treten immer wieder deutlich zutage: Von Beginn des Stücks an ist der Prinz derart von seinen Gefühlen bestimmt, dass seine Regierungspflichten in Konflikt mit seiner subjektiven Befindlichkeit treten und er zu irrationalen Entscheidungen veranlasst wird. Er ist so leidenschaftlich in Emilia Galotti verliebt, dass er nicht nur Conti als begeisterter Mäzen jeden Preis für das Porträt Emilias bezahlen würde (vgl. S. 14, Z. 13 ff.), sondern vor allem dem bürgerlichen Marinelli zum Retter in der Liebesnot auserwählt.

2.3 Das Zweckbündnis mit Marinelli

Uneingeschränkte Vollmacht für Marinelli

Seinem Kammerherrn Marinelli erteilt der Prinz uneingeschränkte Handlungsvollmachten (vgl. S. 20, Z. 20 ff.), um Emilia schnellstmöglich zu „besitzen". Damit ist er leichtsinnig bis zur Verantwortungslosigkeit und erklärt sich indirekt, aber bewusst einverstanden mit Marinellis Methoden: Alle Register der Machtausübung werden gezogen und weder vor indirekter noch direkter Gewaltanwendung schrecken die beiden zurück (vgl. z. B. S. 56, Z. 22 ff.). Das Bündnis verselbstständigt sich schnell. Bald ist der Prinz überhaupt nicht mehr Herr der Lage, sondern dem Intrigenspiel Marinellis hilflos ausgeliefert, jede Handlungsinitiative ist ihm entglitten.

Als dem Prinzen klar wird, dass Marinelli seine Pläne nicht zu Ende gedacht hat (vgl. S. 56, Z. 23 ff.) und er selbst Gefahr läuft, in Verdacht zu geraten, zieht er seinen Kammerherrn zur Rechenschaft und weist selbst scheinheilig alle Schuld von sich (vgl. S. 54, Z. 25 ff.). Damit delegiert der Prinz nicht nur die Tat, sondern auch die Schuld und zeigt einmal mehr, dass er völlig unfähig ist zu verantwortungsvollem Handeln.

Fehlende Bereitschaft zur Übernahme von Verantwortung

In seiner verzweifelten Angst vor dem Auffliegen der Intrige wendet sich der Prinz später wieder versöhnlich gestimmt an Marinelli und bezeichnet ihn – aus purer Berechnung – sogar als seinen „Freund" (S. 58, Z. 8). Am Ende jedoch, nach Emilias Tod, fühlt sich der Prinz von Marinelli verraten und verweist ihn für immer des Hofes. Damit ist Marinelli den Launen seines Herrn am Ende ausgeliefert, zumal dieser jede Mitverantwortung am tragischen Ausgang des Geschehens von sich weist.

Freundschaft und Feindschaft aus Berechnung

Dass der Prinz zum Opfer seiner Leidenschaften wird, zeigt sich auch auf sprachlicher Ebene: In den Eingangsszenen spricht er in kurzen, parataktischen Sätzen, die unruhige Verliebtheit widerspiegeln (vgl. z. B. S. 7, Z. 15 ff.). Gegenüber seinem Hofmaler wirkt er als Repräsentant der feudalen Ordnung hingegen äußerst beherrscht: Seine Worte sind wohlgesetzt bis hin zu sentenzenhaften[1] Wendungen (vgl. z. B. S. 8, Z. 25 f.). In den Gesprächen mit Marinelli wechselt barscher Befehlston (vgl. z. B. S. 15, Z. 9) mit flehentlichem Bitten (vgl. z. B. S. 19, Z. 14), Vorwürfen (vgl. z. B. S. 41, Z. 6 ff.) bis hin zu Drohungen (vgl. z. B. S. 74, Z. 11) und Verwünschungen (vgl. z. B. S. 86, Z. 1) – je nachdem, welche Entwicklungsstufe das Verhältnis der beiden gerade erreicht hat. Dass der Prinz der „Sprache der Galanterie" (S. 32, Z. 33) mächtig ist, zeigt sich in seiner Rede vor Emilia, in der er in äußerster sprachlicher Dichte,

3. Prinz Hettores Sprachgebrauch und Sprachverhalten

---

[1] Sentenz: knapp formulierter Sinnspruch

aber inhaltlicher Redundanz[1] seine Annäherungsversuche in der Kirche verteidigt und Emilia „einlullt" (vgl. S. 49, Z. 27 ff.). Stammelndes Entsetzen angesichts der sterbenden Emilia beendet das Drama (vgl. S. 85, Z. 33 f.).

4. Zusammenfassende Bewertung

In der Figur des Prinzen spitzt Lessing den Konflikt, der sich aus der Verbindung von Herrscheramt und Menschsein unausweichlich ergibt, so zu, dass seine grundsätzliche Kritik am absolutistischen Herrschersystem offenbar wird: Der Prinz müsste durch rationales Handeln das Gemeinwohl seines Staates befördern, in Wahrheit aber ist er genauso seinen Affekten ausgeliefert wie jeder andere – mit dem gefährlichen Unterschied, dass er seine Macht im höchsten Maße zur Befriedigung seiner Begierden einsetzen kann. Genau darin liegt für Lessing ein Grundproblem absolutistischer Einzelherrschaft.

Marinelli

1. Personalien und sozialer Status

Marinelli ist der Kammerherr des Prinzen und gleichsam sein persönlicher Berater und vertrauter Informant in allen Belangen, ohne eine spezielle Trennung zwischen dem privaten und öffentlichen Bereich. Lediglich durch seine Stellung bei Hofe ist er Angehöriger adeliger Kreise, aber selbst kein Geburtsadeliger wie etwa Graf Appiani oder die Gräfin Orsina.

2. Wesentliche Charaktereigenschaften

2.1 Triebkräfte seines Handelns

Machtstreben und Karrieredenken

Anders als der Prinz ist Marinelli der Bösewicht des Stücks schlechthin. Oberste Triebkraft seines Handelns ist es, die Gunst seines Herrn, des Prinzen, zu gewinnen, allerdings nicht aus dem hehren Motiv einer echten „Freundschaft" heraus (vgl. aber S. 18, Z. 35 ff.), sondern in der Hoffnung auf die möglichste Annäherung an den Thron. Es geht ihm schlichtweg um persönlichen Machtzuwachs und Karriere.

---

[1] Redundanz: Überreichlichkeit

Dieser Wunsch erfüllt sich ihm, nicht zuletzt aufgrund der Tatsache, dass der Prinz der Typus eines Machthabers ist, der sich „regieren" lässt: Er ist derart von seinen Gefühlen beherrscht, dass er selbst quasi handlungsunfähig ist – ein leichtes „Opfer" sozusagen. Der sich selbst entmachtende Prinz stattet Marinelli mit einer Generalvollmacht aus (vgl. S. 20, Z. 20 ff.) und bezeichnet ihn zeitweise sogar als „Freund" (S. 58, Z. 8).

Generalvollmacht für Marinelli

Um seine Ziele zu erreichen, ist Marinelli jedes Mittel recht: Als die treibende Kraft des Dramas beherrscht er nicht nur die Mittel der psychologischen Manipulation, etwa um sich das Vertrauen des Prinzen zu erschleichen (vgl. z. B. Szene I,6), sondern schreckt auch, als sein Lügenspiel zusammenzubrechen droht, vor Überfall und Mord nicht zurück, wie sein Vorgehen gegen Appiani zeigt (vgl. z. B. Szene III,1).

2.2 Marinellis Vorgehensweise Skrupellosigkeit

Marinelli ist vor allem deshalb ein perfekter und ebenso unerschrockener wie skrupelloser Arrangeur, weil er am Zweck des gesamten Intrigenspiels nur indirekt beteiligt ist: Er mordet zur „Befriedigung eines fremden Kitzels" (S. 53, Z. 15), wie Claudia sagt.

Doch trotz aller Gabe zu Berechnung und Improvisation verkalkuliert sich Marinelli und neigt zu psychologischen Fehleinschätzungen: Entgegen seiner Vorhersagen lässt sich Appiani beispielsweise von ihm nicht zum Gesandtendienst für den Prinzen bestellen (vgl. S. 37, Z. 7 ff.); Claudia ist nicht bereit, ihre Tochter dem Prinzen zu überlassen (vgl. S. 50, Z. 26 ff.) und auch Odoardo verharrt nicht „in tiefster Unterwerfung" (S. 73, Z. 15), wie Marinelli fälschlich annimmt.

Unvermögen und Fehleinschätzungen

Marinellis Pläne sind häufig nicht zu Ende gedacht und werden obendrein von den Eigeninitiativen des Prinzen (Besuch in der Messe, Ermöglichung eines Vieraugengesprächs Odoardos mit seiner Tochter) durchkreuzt. Hinzu kommt, dass er die Begegnung Orsina/Odoardo, die die

Entlarvung des Mordkomplotts und seiner Hintergründe einleitet, nicht verhindern kann (vgl. Szenen IV,6 und 7). Insofern ist sein ganzes Lügen- und Intrigenspiel zum Scheitern verurteilt.

2.3 Marinelli als Gegenspieler Appianis und der Gräfin Orsina

Die direkten Gegenspieler Marinellis sind die beiden Geburtsadeligen Orsina und Appiani. Vor allem Letzterer verachtet Höflinge wie Marinelli zutiefst, die „bücken, schmeicheln und kriechen" (S. 27, Z. 28) und ihrem Herrn gehorsamer „Sklave" (S. 38, Z. 30) sein müssen. Noch drastischer bringt Orsina ihre Verachtung zum Ausdruck: Abfällig nennt sie Marinelli ein „nachplauderndes Hofmännchen" (S. 60, Z. 31 f.) und betrachtet ihn somit als das völlige Gegenstück zu einem aufgeklärten Geist, als den sie selbst sich versteht.

3. Marinellis Sprachgebrauch und Sprachverhalten

Die Charakterlosigkeit Marinellis zeigt sich in seinen leeren Sprachformeln, mit denen er anderen begegnet, beispielsweise als er Appiani seine Freundschaft versichert (vgl. S. 37, Z. 2 ff.). Im Umgang mit dem Prinzen beansprucht Marinelli trotz seiner untergebenen Stellung manchmal die meisten (oder zumindest ebenbürtige) Gesprächsanteile, woraus sich ableiten lässt, dass er ihn zeitweilig völ-

Gräfin Orsina und Marinelli
(Thalia Theater, Hamburg 2003)

lig in der Hand hat (vgl. z. B. Szenen I,6 und V,1). Heuchelei und Verstellung gelingen Marinelli lange, werden aber am Ende von verschiedenen Figuren enttarnt (vgl. S. 53, Z. 13 ff., S. 60, Z. 31 f.). Die Verlogenheit seiner Aussagen (vgl. z. B. S. 78, Z. 11 ff.) demaskiert ihn als den Typus Höfling, der seinem Machtstreben jegliche Moralität aufopfert und der in seiner Rolle weder ein Gewissen noch einen eigenen Standpunkt hat.

Mit seinem persönlichen Scheitern am Ende erregt Marinelli beim Zuschauer dennoch nicht bloße Abscheu, da es doch ein recht armseliges Leben ist, nach Belieben des absolutistischen Herrschers wie ein Freund gehoben und dann wieder wie ein Hund getreten zu werden. Nicht zuletzt der tragische Ausgang des Stücks zeigt, dass der Gehilfe des Prinzen bei allem Machtzuwachs nur sein „Werkzeug" und „Sklave" ist und immer von seiner Gunst abhängig. Schließlich wird er von genau dem Prinzen, der ihm eben noch hörig war, vom Hofe verbannt – aber erst, als Emilia tot ist und auch er für ihn nichts mehr ausrichten kann.

4. Zusammenfassende Bewertung

Gräfin Orsina

Gräfin Orsina, die ehemalige Mätresse des Prinzen, entstammt dem Geburtsadel und ist eine gebildete und unabhängige Frau, die in mancherlei Hinsicht die Vorstellungen des aufgeklärten Bürgertums repräsentiert.

1. Personalien und sozialer Status

Vor ihrem ersten Auftritt eilt Orsina schon ein Ruf voraus: Der Prinz betrachtet das Bildnis seiner ehemaligen Mätresse und es kommt deutlich zum Ausdruck, dass es nicht nur die Schönheit (vgl. S. 10, Z. 31), sondern gerade die geistigen Qualitäten Orsinas waren, die ihn einst für sie einnahmen, die ihn aber nun regelrecht abstoßen. So wirft er dem Maler vor: „Stolz haben Sie in Würde, Hohn in Lächeln, Ansatz zu trübsinniger Schwärmerei in sanfte Schwermut verwandelt." (S. 11, Z. 14 ff.)

2. Wesentliche Charaktereigenschaften

2.1 Orsina in der Wahrnehmung anderer

Die ehemalige Mätresse des Prinzen

Philosophin und Närrin

Marinelli bezeichnet Orsina, die unbestritten eine Frau „von großem Verstande" (S. 71, Z. 39) ist, gleichzeitig als „Philosophin" (S. 61, Z. 3), die Bücher lese, die „ihr den Rest geben" (S. 16, Z. 18), und als „Närrin" (S. 16, Z. 8), deren Verstand versage (vgl. S. 67, Z. 11 ff.). Mit diesen Diskreditierungen[1] versucht Marinelli, den möglichen Enthüllungen der Gräfin Orsina von vornherein die Glaubhaftigkeit zu entziehen.

2.2 Orsinas Rolle im dramatischen Geschehen

Die Aufklärerin

Eine der dramaturgischen Funktionen der Gräfin Orsina ist es, die wahren Handlungszusammenhänge aufzudecken (vgl. S. 61, Z. 30 ff.), indem sie Marinelli als „nachplauderndes Hofmännchen" (S. 60, Z. 31 f.) und den Prinzen als „Mörder" (S. 65, Z. 6) entlarvt. Eine weitere Funktion besteht darin, den Schleier des Privaten von der Mord- und Entführungsaffäre wegzuziehen, indem sie gewissermaßen Öffentlichkeit herstellt und droht: „Morgen will ich es auf dem Markte ausrufen." (S. 65, Z. 33) In dieser Wandlung der ehemaligen Mätresse Orsina zur „Aufklärerin" gestaltet Lessing einen exemplarischen Emanzipationsprozess, indem er sie sagen lässt: „Wer über gewisse Dinge den Verstand nicht verlieret, der hat keinen zu verlieren." (S. 68, Z. 9 f.)

Die Kritikerin

Orsina ist jedoch nicht nur der Handlung willen da, also um aufzuklären, sondern ihre Worte und Gedanken beleuchten – und das durchaus im Sinne der Aufklärung – die moralische und intellektuelle Finsternis bei Hofe, indem sie Lügenkonstrukte (vgl. S. 59, Z. 35) und opportunistisches Verhalten (vgl. S. 60, Z. 31 f.) ganz generell an den Pranger stellt.

2.3 Orsina als rachsüchtige Geliebte

Ambivalenz der Rolle Orsinas

Doch hinterlässt Orsina kein eindeutig positives Bild einer engagierten Aufklärerin und Kritikerin, ihre Rolle ist ambivalent angelegt: Sie bewegt sich stets an der Grenze zu einer zur Hysterie neigenden verlassenen Geliebten.

---

[1] Diskreditierung: Verleumdung

Als sie mit Gift und Dolch bewaffnet in tiefem Liebeskummer (vgl. S. 16, Z. 12 ff.) nach Dosalo kommt, glaubt die Gräfin, in Odoardo das geeignete Werkzeug für ihren Rachedurst zu finden. Sie macht ihn zum Verbündeten im Kampf gegen die Unmoral des Prinzen und hetzt ihn zum Tyrannenmord auf (vgl. S. 69, Z. 29 ff.). Aus ihren Worten spricht blanker Hass und Rachedurst: „Wann wir einmal alle – wir, das ganze Heer der Verlassenen – wir alle in Bacchantinnen[1], in Furien verwandelt […], ihn unter uns zerrissen, zerfleischten, seine Eingeweide durchwühlten – […] das sollte ein Tanz werden!" (S. 70, Z. 17 ff.)

Instrumentalisierung Odoardos

Orsinas kritisch-demaskierende Rhetorik zeigt, dass sie nicht die typische Frau ihrer Zeit ist. Ironisch stellt sie beispielsweise fest: „Wie kann ein Mann ein Ding lieben, das, ihm zum Trotze, auch denken will? Ein Frauenzimmer, das denkt, ist ebenso ekel als ein Mann, der sich schminket." (S. 61, Z. 8 ff.) Ihre unkonventionelle Offenheit in ihren Reden lässt einerseits durchdringende Klarheit in der Einschätzung der Situation erkennen, andererseits großes Selbstbewusstsein und Selbstvertrauen. Vor allem jedoch bei ihrem letzten Auftritt in Szene IV,7 verliert sie ihren streng rationalen und oft analysierenden Sprachduktus (vgl. z. B. S. 65, Z. 17 ff.) und steigert sich höchst emotional in eine blutrünstige Rachevision hinein, die von Ausrufen (z. B. S. 70, Z. 15 ff.), Anaphern (z. B. S. 70, Z. 9 f.), Ellipsen (z. B. S. 70, Z. 13 f.), rhetorischen Fragen (z. B. S. 70, Z. 14) und fantastischen Bildern (vgl. S. 70, Z. 17 ff.) geprägt ist.

3. Orsinas Sprachgebrauch und Sprachverhalten

Als eine der ersten emanzipierten Frauengestalten in einem deutschen Drama ist Gräfin Orsina als deutliche Kontrastfigur zur Titelfigur Emilia gestaltet. Ihr Scharfsinn, ihre Entschlossenheit, ihr Mut, ihre bewusst eingesetzte Weiblichkeit – all dies steht in deutlichem Kontrast zu Emilias (anfänglich) naiver Unschuld und Herzenseinfalt.

4. Zusammenfassende Bewertung

---

[1] Bacchantin: Begleiterin des Weingottes Bacchus

Im Gegensatz zu Emilias Selbstopfer richtet sich Orsinas Fantasie von einem mythologischen Furientanz direkt gegen den Verursacher der Verführung. Die Realität gestaltet sich jedoch etwas anders: Im Gespräch mit Odoardo sieht sie sich „nur [als] ein Weib" (S. 70, Z. 5) und liefert zwar intellektuell die Begründung für den Tyrannenmord, will sich dann aber doch seiner Hilfe bedienen. Indem sie mit Odoardo eine andere Figur zur Handlungsinitiative antreibt, überwindet sie zwar in gewisser Weise die Fremdbestimmung, dennoch bleibt sie so nur eine bedingt aufklärerische Figur.

Der Blick auf den Text: Die Szenenanalyse

Eine Szene analysieren – Tipps und Techniken

Für die Analyse (Beschreibung und Deutung) von Einzelszenen des Dramas stehen grundsätzlich zwei verschiedene Methoden zur Auswahl: die Linearanalyse und die aspektgeleitete Analyse.

In der **Linearanalyse** werden die einzelnen Abschnitte des Aufgabentexts systematisch analysiert, das heißt ihrer Reihenfolge nach. Dies führt in der Regel zu genauen und detaillierten Ergebnissen. Allerdings besteht dabei die Gefahr, dass zu kleinschrittig gearbeitet wird und die übergeordneten Deutungsaspekte aus dem Blick geraten.

In der **aspektgeleiteten Analyse** werden diese Deutungsschwerpunkte von vornherein festgelegt. Daraus ergibt sich in der Regel eine sehr problemorientierte und zielgerichtete Vorgehensweise. Dabei werden jedoch die Deutungsaspekte, die nicht im Fokus des Interesses stehen, vernachlässigt.

Aufbauschema:

1. Einleitung:
- Basissatz: Autor; Titel; Textsorte; Erscheinungsjahr des Werks, aus dem der Text stammt
- Ort, Zeit und Figuren der Szene
- kurze Inhaltsangabe

2. Einordnung der Szene in das Drama:
Was geschieht vorher, was nachher?

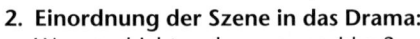

Linearanalyse *aspektgeleitete Analyse*

3. Aufbau der Szene:
- Auflistung der Textabschnitte/ Textgliederung

3. Untersuchungsschwerpunkte:
- Auflistung der ausgewählten Untersuchungsaspekte

4. Beschreibung und Deutung der unter 3. angegebenen Textabschnitte:
- Aussagen zum Inhalt des Abschnitts
- Aussagen zur Deutung, Einbetten in den Zusammenhang des Dramas
- Einbezug der sprachlichen Gestaltung

4. Beschreibung und Deutung der unter 3. angegebenen Aspekte:
- Benennen des jeweiligen Aspekts
- Aussagen zur Deutung, Einbetten in den Zusammenhang des Dramas
- Einbezug der sprachlichen Gestaltung

5. Schluss:
- Zusammenfassung der Ergebnisse
- Einordnung in einen größeren Deutungszusammenhang
- Bewertung

Beispielaufsatz zu Szene IV, 7 (linear)

Aufgabe: Erschließen Sie die Szene IV,7 nach inhalt-lichen und sprachlichen Gesichtspunkten.

In G. E. Lessings bürgerlichem Trauerspiel „Emilia Galotti", das 1772 uraufgeführt wurde, wird der tragische Konflikt durch standesbedingtes Verhalten ausgelöst: Prinz Hettore Gonzaga will seinen alleinigen Willen mit allen nur denkbaren Mitteln durchsetzen und entführt mithilfe seines intriganten Kammerherrns Marinelli Emilia Galotti, ein Bürgermädchen, am Tag ihrer Hochzeit auf sein Schloss, um sie zu „besitzen". Emilias Vater, Odoardo Galotti, bekommt Kunde von dem inszenierten Überfall auf die Hochzeitskutsche seiner Tochter und eilt ebenfalls zum Schloss, wo er in Szene IV,7 auf die eifersüchtige Gräfin Orsina, eine ehemalige Geliebte des Prinzen, trifft. Diese versucht, in Odoardo einen Partner für ihre Racheaktion gegen den Prinzen zu gewinnen, indem sie ihm schrittweise von den Vorfällen um Appiani und Emilia berichtet, ihm einen Dolch übergibt und ihn so zum Mord am Prinzen anstachelt.

1. Einleitung mit knapper Inhaltsangabe der Szene

In der unmittelbar vorangehenden Szene IV,6 hatte der Kammerherr Marinelli noch versucht, ein Vieraugengespräch zwischen Odoardo und Orsina zu verhindern – in der Befürchtung, dass die Wahrheit über den Anschlag ans Licht kommen könnte, was dann auch der Fall ist. In der Folgeszene IV,8 bestätigt Claudia ihrem Gatten Odoardo alle Schreckensmeldungen der Gräfin Orsina. Man muss am Ende von Akt IV somit davon ausgehen, dass Odoardo – im Affekt und nicht als eine Tat politischen Widerstands – den Prinzen erdolchen wird. In der vorletzten Szene nimmt das Drama jedoch mit der Erdolchung Emilias durch Odoardo eine überraschende Wendung.

2. Einordnung der Szene

3. Aufbau der Szene

Die Szene kann entsprechend der Gesprächsstrategie Orsinas in drei Teile gegliedert werden: Im ersten Abschnitt geht es Orsina darum, eine Interessensidentität zwischen sich und Odoardo herzustellen, um ihn für ein eventuelles gemeinsames Handeln zu gewinnen (S. 67, Z. 17–S. 68, Z. 23). Dann enthüllt sie Odoardo schrittweise die Vorfälle während seiner Abwesenheit und stachelt ihn zum Mord am Prinzen an (S. 68, Z. 24–S. 69, Z. 36). Schließlich werden Orsinas wahre Beweggründe, ihre Eifersucht und Rachegefühle gegenüber dem Prinzen, offenbar (S. 70, Z. 1–Z. 23).

4. Deutung der Textabschnitte
I. Abschnitt

Nachdem Marinelli am Ende von Szene IV,6 die Bühne verlassen hat (vgl. S. 67, Z. 16), bleiben Orsina und Odoardo allein zurück. Mit ihnen treffen zwei Dramenfiguren im Gespräch aufeinander, die völlig verschiedenen Lebenswelten entstammen und keine gemeinsame Vorgeschichte haben. Daher entwickelt sich das Gespräch zunächst etwas schleppend. Orsina ergreift die Initiative, indem sie Odoardo, der im Gegensatz zu ihr völlig ahnungslos ist, mit wem er es zu tun hat, zum Einstieg als „unglückliche[n] Mann" (S. 67, Z. 20) bezeichnet. Auf seine neugierigen Rückfragen hin verliert sie sich in weiteren phrasenhaften Andeutungen, dass er „nichts" wisse (vgl. S. 67, Z. 26) und dass sie „Schmerz und Wut" (S. 67, Z. 31) miteinander teilen müssten. Odoardos Unruhe wird größer, er drängt Orsina mit seinen zahlreichen Fragen (vgl. S. 67, Z. 21, 24 f., 32) geradezu zum Weiterreden. In einer weiteren Andeutung spielt Orsina auf Odoardos „unglückliche[s] Kind" (S. 68, Z. 2 f.) an – eine Bemerkung, die ihn davon überzeugt, dass Orsina „keine Wahnwitzige" (S. 68, Z. 5) sein kann, wie Marinelli es ihm gegenüber behauptet hatte (vgl. S. 67, Z. 11 ff.). Voller Ironie bestätigt Orsina ihre Teilhabe am Intellekt (vgl. S. 68, Z. 9 f.) und bescheinigt ihrem Gesprächspartner im Gegenzug, auch über Verstand zu verfügen (vgl. S. 68, Z. 12 ff.). Damit ist am Ende des ersten

Abschnitts die Beziehung der beiden Sprecher geklärt: Sie teilen die Gefühlslage, sie teilen „Schmerz und Wut" (S. 67, Z. 31) und sie teilen ihre Einsichtsfähigkeit, sodass sie bereit sind für ein gemeinsames Handeln.

Orsinas Dominanz im Gespräch wird dadurch deutlich, dass sie stets in wohlgeordneten Sätzen spricht. Sie behauptet beispielsweise: „Ich wollte treulich Schmerz und Wut mit ihnen teilen." (S. 67, Z. 30 f.) Odoardo hingegen antwortet unruhig und in elliptischen Phrasen: „Schmerz und Wut? Madame! – Aber ich vergesse – Reden Sie nur." (S. 67, Z. 32 f.) Es gelingt ihm kaum, auch nur einen Satz zu Ende zu führen.

Im zweiten Textabschnitt rückt die Gräfin mit ihrem Wissen heraus: Sie informiert Odoardo zunächst über den Tod Appianis (vgl. S. 68, Z. 26). Odoardo ist schockiert (vgl. S. 68, Z. 27 ff.) und Orsinas verschlüsselte Andeutung, Emilia sei „schlimmer als tot" (S. 68, Z. 31), weckt in ihm grauenvolle Befürchtungen. Sodann verdeutlicht Orsina ihrem Gesprächspartner den Zusammenhang zwischen dem morgendlichen Gespräch in der Kirche, von dem er ja bisher noch nichts wusste, und dem Überfall auf die Kutsche (vgl. S. 69, Z. 5 ff.). Dabei bezichtigt sie Emilia der Mittäterschaft, indem sie von Verabredung (vgl. S. 69, Z. 12 f.) und „Meuchelmord" (S. 69, Z. 15) spricht. Odoardo reagiert anfangs mit ungläubigem Staunen (vgl. S. 69, Z. 8 f.), opponiert dann aber heftig gegen die Darstellung seiner Tochter als Mittäterin (vgl. S. 69, Z. 16 ff.), da er von ihrer moralischen Integrität schlichtweg überzeugt ist. Sein Zorn richtet sich vor allem gegen den Prinzen. Sein wildes Gebaren (vgl. Regieanweisungen S. 69, Z. 18 f.) steigert sich soweit, dass er im Affekt nach seiner Waffe sucht (vgl. S. 69, Z. 24 ff.) – vergebens allerdings, da er sie zu Hause zurückgelassen hat. Orsina kann ihm aushelfen und drängt ihm, der seiner Sinne kaum mehr mächtig ist, einen Dolch auf, den sie – offenbar in weiser Voraussicht – zum Schloss

II. Abschnitt

mitgebracht hat (vgl. S. 69, Z. 29 ff.): Damit ist der Tyrannenmord vorbereitet. Odoardo dankt es ihr, indem er sie ein „[l]iebes Kind" (S. 69, Z. 35) nennt, womit er auf Orsinas vertrauliche Anrede „[g]uter, lieber Vater" (S. 67, Z. 28) reagiert.

Eigentlich aber entspricht ein dazu völlig konträres sprachliches Bild dem Beziehungsmuster zwischen den beiden besser: Orsinas verächtliche – und wohl a parte[1] gesprochene – Frage „Wirkt es, Alter! wirkt es?" (S. 69, Z. 22) erinnert an eine Arzt-Patienten-Beziehung, die jedoch keineswegs von Vertrauen und Wertschätzung geprägt ist; zudem suggeriert sie einen Vorgang der Belehrung. Mit psychologischem Fingerspitzengefühl stiftet Orsina Odoardo so zum Tyrannenmord an und bedient sich seiner Initiative.

III. Abschnitt In ihrem abschließenden Monolog wendet sich Orsina zunächst noch einmal an Odoardo mit der offenen Aufforderung, von der Waffe nur ja Gebrauch zu machen (vgl. S. 70, Z. 1 ff.) und dies auch für sie zu tun, denn sie seien doch beide vom Prinzen verletzt worden (vgl. S. 70, Z. 7 f.). Doch Orsina solidarisiert sich nicht nur mit Odoardo, sondern auch mit Emilia selbst (vgl. S. 70, Z. 15) und vor allem mit dem „ganze[n] Heer der Verlassenen" (S. 70, Z. 18), also mit all jenen Mätressen, die der Launenhaftigkeit des Prinzen hilflos ausgeliefert seien. In ihrer Ekstase[2] steigert sich Orsina in eine blutrünstige Rachevision hinein, bei der sie alle verlassenen Geliebten des Prinzen als rasende Baccantinnen und Furien[3] sieht, die ihn wild in Stücke zerreißen, „um das Herz zu finden, das der Verräter einer jeden versprach und keiner gab!" (S. 70, Z. 21 ff.).

---

[1] a parte: beiseite (also: zum Publikum bzw. zu sich selbst, nicht gegen den Dialogpartner gerichtet)
[2] Ekstase: rauschhafte Verzückung
[3] Furie: Rachegöttin

Ihre Aufgewühltheit spiegelt sich auch auf sprachlicher Ebene wider, vor allem im Satzbau, wenn Lessing die Gräfin in asyndetischen Reihungen (vgl. z. B. S. 70, Z. 20 f.), Ellipsen (vgl. z. B. S. 70, Z. 13 f.) und Trikola (vgl. z. B. S. 70, Z. 9 f.) sprechen lässt. Auch die zahlreichen Metaphern (vgl. z. B. S. 70, Z. 17 f.) und Bilder (vgl. S. 70, Z. 17 ff.) machen Orsinas Gefühlslage deutlich: Sie ist tief gekränkt und bestimmt nicht frei von Emotionen, wie ihr berechnendes und taktisches Agieren im Gespräch mit Odoardo noch annehmen ließ.

Aufgrund ihres großen Wissensvorsprungs erscheint Orsina von Beginn an als die dominante Gesprächspartnerin: Sie weiß, wer Odoardo ist, sie weiß, dass Appiani tot ist und dass Odoardos Tochter in der Hand des Prinzen ist. Doch statt ihm dies sachlich mitzuteilen, geht sie taktisch geschickt vor. Denn sie verfolgt ein Ziel: Sie möchte Odoardo zu ihrem Werkzeug machen, er soll ihren untreuen Liebhaber erdolchen. Ihr abschließender Monolog lässt dann vollends offenbar werden, dass es ihr nicht darum geht, Odoardo aufzuklären und ihm zu helfen, sondern einzig und allein um ihre eigenen Rachebedürfnisse. Mit Orsina tritt in Akt IV somit eine Figur ins Geschehen ein, die als intelligente und kommunikativ kompetente Frau die richtende Stimme der Öffentlichkeit hätte darstellen können, die jedoch ihre Fähigkeiten lieber zur egoistischen Befriedigung missbraucht und Odoardo zum Tyrannenmord anstiftet.

5. Schluss

Beispielaufsatz zu Szene IV, 1
(aspektgeleitet)

> *Aufgabe: Erörtern Sie anhand einer Erschließung von Szene IV, 1, inwiefern sich Macht und Moral am Hofe Hettores ausschließen.*

1. Einleitung und knappe Inhaltsangabe

G. E. Lessings bürgerliches Trauerspiel „Emilia Galotti", das 1772 uraufgeführt wurde, kann einerseits als ein Pamphlet gegen Fürstenwillkür und andererseits als eine radikale Schrift für Menschenwürde im Sinne der Aufklärung verstanden werden. Verkörpert wird die Despotenherrschaft durch den Prinzen Hettore, dem sein intriganter Kammerdiener Marinelli zur Seite steht. Aufklärerisches Denken und Handeln ist hingegen in anderen Figuren angelegt, vor allem in der Titelfigur Emilia Galotti. Das Bürgermädchen wächst durch ihren Freitod am Ende des Dramas über sich selbst hinaus, indem sie die Handlungsinitiative bei sich selbst und damit ihre Entscheidungsfreiheit bewahrt.

Die zu erschließende Szene IV, 1 zeigt den Prinzen und seinen Kammerherrn Marinelli in einer heftigen Auseinandersetzung über das tödliche Attentat auf Graf Appiani. Der Prinz zieht Marinelli zur Rechenschaft und weist selbst scheinheilig alle Schuld von sich. Ebenso scheinheilig wie der Prinz stellt Marinelli wiederum den Tod des Grafen als Folge einer unglücklichen Kette von Zufällen dar, an der der Prinz durch sein Verhalten, das nicht mit ihm abgesprochen gewesen sei, ebenfalls nicht ganz unbeteiligt sei.

2. Einordnung der Szene

Szene IV, 1 eröffnet die fallende Handlung und zeigt den Prinzen und seinen Kammerherrn im Vieraugengespräch. Unmittelbar vorher hatten sich die Ereignisse verdichtet: Durch eine Intrige des Hofes war die Hochzeitskutsche Emilia Galottis überfallen, der Bräutigam Graf Appiani getötet und die Braut auf das Schloss „gerettet" worden, um sie dem Prinzen zuzuführen, der ein Auge auf die schöne Bürgerstochter geworfen hat. Auch die Mutter Emilias ist mittlerweile auf dem Schloss angekommen und droht die höfische Intrige, die ihre Tochter dem Prinzen in die Hände spielte, zu durchschauen (vgl. Szene III,8).

Während der Prinz, der eigentliche Machthaber, in Szene IV,1 zunächst als Anwalt von Anstand und Moral aufzutreten scheint, verkörpert Marinelli, der den Prinzen faktisch in der Hand hat, offen das Prinzip der Unmoral. In der folgenden Darstellung soll nun nach einer Begriffsdefinition das Verhältnis von Macht und Moral, wie es sich in Szene IV,1 konkretisiert, erörtert werden.

3. Untersuchungsschwerpunkte

Macht bezeichnet nach einem weitverbreiteten Verständnis einerseits die Fähigkeit, auf das Verhalten und Denken anderer einzuwirken, und zwar im eigenen Sinn und Interesse. Andererseits bezeichnet Macht aber auch die Fähigkeit, Ziele zu erreichen oder sich äußeren Ansprüchen nicht unterwerfen zu müssen.

Begriffsdefinition – Macht

Prinz Hettore verfügt als absolutistischer Herrscher über uneingeschränkte Macht. Ausgeliefert ist er dennoch seinem Kammernherrn, den er durch seinen Blankoscheck aus Szene I,6 (vgl. S. 20, Z. 20ff.) mit einer großen Machtfülle ausgestattet hat. Politisch gesehen hat der Prinz Macht über Marinelli, psychologisch hat sein Kammerherr den verliebten Prinzen hingegen in der Hand.

Moral bezeichnet nach unserem heutigen Sprachverständnis die als verbindlich akzeptierten ethisch-sittlichen Werte und Normen des Handelns. Demnach heißt moralisch gutes Handeln, in Übereinstimmung mit einem allgemein anerkannten Regelsystem von Normen und Werten zu agieren. Dass diese dem Wandel der Zeiten unterworfen sind, zeigt sich schon allein darin, dass unsere heutigen Maßstäbe von Moral beispielsweise mit dem damals anerkannten System der Mätressenwirtschaft kollidieren.

Begriffsdefinition – Moral

Im Folgenden soll die These überprüft werden, dass die Prinzipien von Macht und Moral bei Hofe einander ausschließen, anders gesagt, dass Machtmissbrauch und Unmoral das Wesen des Hofes Hettores prägen. Dabei wird anhand der Szene IV,1 untersucht, welche Machtmittel eingesetzt werden, zu welchem Zwecke und wie die politischen Machthaber selbst ihr eigenes Handeln bewerten.

4. Deutung Machtmissbrauch zur Durchsetzung privater Interessen

Der absolutistisch regierende Herrscher Prinz Hettore verfügt generell über ein uneingeschränktes Weisungsrecht gegenüber all seinen Untertanen, nutzt dieses aber auch zur Durchsetzung privater Interessen: Er selbst spricht in Szene IV,1 von seiner „Absicht auf Emilien" (S. 56, Z. 11) und meint damit, diese, ein Bürgermädchen, besitzen zu wollen. Seinen Besitzanspruch legitimiert er stillschweigend und ohne sich zu rechtfertigen sowie unter Missachtung aller Prinzipien der Menschenwürde – einfach mit der Tatsache, selbst oberster Repräsentant der feudalen Ordnung zu sein.

„Unmoralische" Machtmittel Marinellis ...

Ein weiterer Aspekt zeigt ebenfalls, dass sich bei Hofe Macht mit Unmoral paart, denn beide Akteure bedienen sich unmoralischer Machtmittel: Marinelli, dem es um persönlichen Machtzuwachs bei Hofe geht, zeigt dem Prinzen gegenüber die Kunst der „Verstellung" (S. 54, Z. 19), indem er etwa den Tod des Grafen bedauert (vgl. S. 55, Z. 23 ff., 32 ff.), und der Lüge, wie beispielsweise seine Aussage, Claudia habe sich beruhigen lassen (vgl. S. 54, Z. 8 ff.), verdeutlicht. Dass er um seiner persönlichen Ziele willen generell bereit ist nicht nur zu lügen, sondern auch zu morden, wird dadurch offenbar, dass er den Tod des Grafen Appiani, den er zu verantworten hat, als Folge einer unglücklichen Kette von Zufällen darstellt (vgl. S. 54, Z. 30 ff.).

... und des Prinzen

Der Prinz tritt anfangs noch als Anwalt moralischen Handelns auf, indem er behauptet, den Tod des Grafen bei seinem eigenen Leben nicht gewollt zu haben (vgl. S. 54,

Z. 28f.). Doch belegt seine spätere Aussage, auch er schrecke vor „einem kleinen Verbrechen" (S. 56, Z. 22) nicht zurück, dass er die Mordtat am Grafen billigend in Kauf nimmt. Darüber hinaus bezeichnet er den Mord am Grafen als „das größte Glück, was mir begegnen konnte" (S. 56, Z. 17f.) und lässt sich gar zu so saloppen Ausrufen wie „Ein Graf mehr in der Welt oder weniger!" (S. 56, Z. 20f.) hinreißen, die verdeutlichen, dass der Prinz gewillt ist, den Tod unter rein zweckmäßigen Gesichtspunkten zu betrachten.

Verstellung, Lüge, Intrigen, Mord – dies sind also die Wege, die sowohl Marinelli als auch dem Prinzen zu Macht über andere Personen verhelfen.

Macht moralisch auszuüben hieße, dass für das eigene Handeln Verantwortung übernommen wird. Doch weder der Prinz noch Marinelli sind bereit, dies zu tun. Beide sind zu feige, sich den Tatsachen zu stellen. Die Schuld, die ihnen beiden am Tod des Grafen zukommt, wird äußeren Umständen und dem Zufall zugeschrieben: Während Marinelli von einer unglücklichen Kette von Zufällen ausgeht (vgl. S. 54, Z. 30ff.) und damit alle Schuld von sich weist, formuliert der Prinz offen: „Bei Gott! bei dem allgerechten Gott! ich bin unschuldig an diesem Blute." (S. 54, Z. 25f.) Während dieser Auseinandersetzung über das tödliche Attentat auf Appiani gerät zunächst Marinelli in eine Verteidigungsposition. Doch am Ende ist er es, der den Prinzen in die Defensive drängt, denn der Prinz ist immer noch seinen Gefühlen und damit den Ränken Marinellis und den sich überstürzenden Ereignissen ausgeliefert. Marinelli hat damit (zunächst) Macht über den Prinzen, wohingegen er am Ende des Stücks – als seine Intrigen nicht aufgehen – des Hofes verwiesen wird und alle Macht verliert. Somit wird offenbar, dass rein politisch legitimierte Macht, also die des Prinzen, am stärksten ist und alle Konflikte überdauert – wie unmoralisch auch immer sie ausgeübt wird.

Fehlende Verantwortungsbereitschaft für das eigene Handeln

5. Schluss

Dass Macht und Moral einander ausschließen, ließe sich auch an anderen Stellen des Dramas nachweisen, etwa durch eine Analyse von Szene I,8, in der der Prinz ein Todesurteil „[r]echt gern" (S. 22, Z. 14) unterschreibt. Interessanterweise zeigt Lessing in diesem Stück keine Figur bei Hofe, die die Prinzipien von Macht und Moral im positiven Sinne in sich vereint. Es ist hingegen Emilia Galotti selbst, die indirekt ein Gegenbeispiel liefert: Durch ihren Freitod wahrt sie ihre Sittlichkeit (Moral) und behält die Entscheidungsinitiative (Macht) bei sich selbst.

Der Blick auf die Prüfung: Themenfelder

Dieses Kapitel dient zur unmittelbaren Vorbereitung auf die Prüfung – sei es die Schulaufgabe, Klausur oder die schriftliche bzw. mündliche Abiturprüfung. In einer übersichtlichen grafischen Form werden wichtige Themenfelder dargeboten. Zudem verweist eine kommentierte Liste mit Internetadressen auf mögliche Quellen für Zusatzinformationen im Netz.

Die schematischen Übersichten können dazu genutzt werden,

- die wesentlichen Deutungsaspekte des Stücks vor der Prüfung im Überblick zu wiederholen,
- die Kerngedanken des Dramas noch einmal selbstständig zu durchdenken und
- mögliche Verständnislücken nachzuarbeiten.

Zum Verständnis der Schemata ist die Kenntnis der vorangegangenen Kapitel unerlässlich. Die folgende Schwerpunktsetzung beruht auf Erfahrungen aus jahrelanger Prüfungspraxis. Übersicht III (Vergleichsmöglichkeiten mit anderen literarischen Werken, S. 128) soll als Anregung dienen, um den eigenen Lektürekanon auf interessante Vergleichspunkte hin abzuklopfen.

Übersicht I: Emilias Selbstopfer – Erklärung, Deutung und Wirkung

Prinz Hettore Gonzaga
- uneingeschränkte Herrschaft
- Gewalt gegen Untertanen
- Durchsetzung privater Interessen
- Laster und Triebentfaltung
- Mätressenwesen als feste Institution

Gewalt der Verführung

Emilia

väterl. Verfügungsgewalt

Odoardo Galotti
- Untertan im politisch-rechtlichen Sinn
- Autorität des pater familias
- familiäre Intimität
- Tugend und Triebverzicht
- Frömmigkeit und moralischer Rigorismus

Tod Emilias von Vaterhand SELBSTOPFER

Deutung:

AGGRESSION
gegen den Prinzen wegen des Mordes an Appiani und des (antizipierten) Verlusts der Unschuld

FLUCHT
aus dem Identitätskonflikt angesichts des Versagens der eigenen Lebenseinstellung in Konfrontation mit der gesellschaftlichen Wirklichkeit

AUTOAGGRESSION
Selbstbestrafung im Sinne einer Unterwerfung unter den strafenden Vater

Wirkung:

PROVOKATION
einer heftigen Proteststimmung gegen den Adel angesichts der Ungerechtigkeit der gesellschaftlichen Verhältnisse

KRITIK
auch an der Familienstruktur der damaligen Zeit und an der unpolitischen Haltung des Bürgertums

Übersicht II: Das bürgerliche Trauerspiel – im Vergleich und in seiner Entwicklung

Definition: Drama, dessen Tragik sich
1) in einer betont bürgerlichen Welt entfaltet, und zwar im Kampf gegen die Unterdrückung durch den Adel
2) innerhalb des Standes entfaltet (innere Tragik)
(vgl. Gero von Wilpert)

1) historische Situation: Konfrontation zwischen unterdrückendem Adel und selbstbewusst werdendem Bürgertum		2) historische Situation: Individuum als Opfer der eigenen Gesellschaft	
literarischer Ausdruck:		**literarischer Ausdruck:**	
a) Lessing: „Emilia Galotti" (1772)	**b) Schiller: „Kabale und Liebe"** (1784)	**a) Hebbel: „Maria Magdalene"** (1844)	**b) Kroetz: „Maria Magdalena"** (1972)
• scharfer Protest gegen absolutistische Willkür	• radikaler Protest gegen ständische Schranken und Konventionen	• Konflikt innerhalb des Kleinbürgertums	• Tragikomödie, in der ökonomische Kategorien zwischenmenschliche Beziehungen beherrschen
• Bewahrung familiärer Intimität gegen Angriffe von außen	• gesellschaftliche Konkretisierung des Liebeskonflikts einer bürgerlichen Heldin	• Selbstzerstörung der Familie aufgrund kleinbürgerlicher Moral und pedantischen Pflicht- und Ehrgefühls	• Entlarvung der Moral des Kleinbürgertums
• Selbstopfer Emilias als Rebellion gegen die Macht	• Selbstopfer Luises als Rebellion gegen die Ständegesellschaft	• Isolation Klaras und Selbstmord aufgrund vermeintlicher Schande	• Tragik Maries (angedrohter Selbstmord) wird nicht ernst genommen
Tugend und Moral	… als Form der Rebellion gegen den Hof	… als bürgerliche Zwangsjacke	… in ihrer Negation
bürgerliches Selbstbewusstsein	… in seiner Entfaltung	… als Mangelware	

Übersicht III: Vergleichsmöglichkeiten mit anderen literarischen Werken

„Emilia Galotti" im Vergleich mit anderen Werken: thematische und formale Bezüge

Motivvergleiche

● **Verführbarkeit**
Goethes „Faust" (Gretchen), Schillers „Kabale und Liebe" (Luise), Fontanes „Effi Briest" (Effi), Büchners „Woyzeck" (Marie), Süskinds „Das Parfum" (Mirabellenmädchen), Schlinks „Der Vorleser" (Michael)

● **Schuld**
Sophokles' „Antigone", Goethes „Faust", Kleists „Michael Kohlhaas" Büchners „Dantons Tod", Kafkas „Der Prozess", Döblins „Berlin Alexanderplatz" Grass' „Die Blechtrommel", Frischs „Homo faber"

● **Tod einer literarischen Figur**
Goethes „Faust", Frischs „Andorra", Süskinds „Das Parfum" Schneiders „Schlafes Bruder", Schlinks „Der Vorleser", Kafkas „Der Prozess", Kafkas „Die Verwandlung"

● **gesellschaftlicher Druck**
Büchners „Woyzeck", Döblins „Berlin Alexanderplatz", Brechts „Der gute Mensch von Sezuan", Dürrenmatts „Der Besuch der alten Dame", Frischs „Andorra", Kellers „Romeo und Julia auf dem Dorfe"

Figurenvergleiche

● **Frauenfiguren (Emilia)**
Sophokles' „Antigone", Goethes „Iphigenie auf Tauris", Goethes „Faust", Dürrenmatts „Der Besuch der alten Dame", Brechts „Der gute Mensch von Sezuan"

● **Vaterfiguren (Odoardo)**
Kafkas „Die Verwandlung", T. Manns „Buddenbrooks", Kleists „Die Marquise von O.", Fontanes „Effi Briest"

● **Herrscherfiguren (Prinz)**
Sophokles' „Antigone", Goethes „Iphigenie auf Tauris"

● **intrigante Strippenzieher (Marinelli)**
Goethes „Faust" (Mephisto), Schillers „Kabale und Liebe" (Wurm)

Vergleich der Dramenkonzeption mit einem

● **Drama der Klassik**
„Iphigenie auf Tauris" von Goethe

● **Drama des epischen Theaters**
„Der gute Mensch von Sezuan" von Brecht

● **sozialen Drama**
„Woyzeck" von Büchner

Internetadressen

Unter diesen Internetadressen kann man sich zusätzlich informieren:

www.xlibris.de/Autoren/Lessing/Biographie/Seite1
(informative Biografie zu G. E. Lessing)

www.zeno.org/Literatur/M/Lessing,+Gotthold+Ephraim/
Biographie
(chronologische Übersicht zum Leben Lessings)

http://gutenberg.spiegel.de/autor/369
(größere Sammlung verschiedener Lessing-Texte, u. a. Lessings Dramen und literaturtheoretische Schriften)

www.liberley.it/l/lessing.htm
(umfangreiche Sammlung verschiedener Lessing-Texte, Faksimiles von Lessing-Beiträgen in Zeitschriften der Aufklärung)

http://lessing-portal.hab.de/index.php?id=92&L=0
(initiiert von der Lessing-Akademie Wolfenbüttel im Rahmen des Projekts „Digitale Edition sämtlicher Übersetzungen Lessings und ihrer Vorlagen", Hintergrundinformationen, Hinweise auf andere interessante Webseiten)

www.lessing-akademie.de
(Homepage der Lessing-Akademie: Erforschung von Leben und Werk Lessings sowie der Epoche der Aufklärung)

www.lessingmuseum.de/index2.php
(Homepage des Lessing-Museums in seiner Geburtsstadt Kamenz)

http://bildungsserver.hamburg.de/gotthold-ephraim-
lessing
(großes Angebot mit hilfreichen Verweisen zu den Rubriken Biografisches, Gesamtdarstellungen, Texte im Inter-

net, Werke, historischer Hintergrund und Literaturgeschichte, Wirkung, Themen, Institutionen, Portale, Link-
sammlungen)

www.ub.fu-berlin.de/service_neu/internetquellen/fach
information/germanistik/autoren/autorl/lessing.html
(Linksammlung mit Verweisen auf Institutionen, Umfassen-
des, Bibliografien und Verzeichnisse, Kurzbiografien, Spe-
zialthemen, Schulprojekte, Rezensionen)

www.rither.de/a/deutsch/lessing-gotthold-ephraim/
emilia-galotti
(Inhaltsangabe zu allen Auftritten aus „Emilia Galotti")

[Stand: 28.11.2013]

Literatur

Textausgabe:

Gotthold Ephraim Lessing: Emilia Galotti, hrsg. von Johannes Diekhans, erarbeitet, mit Anmerkungen und Materialien versehen von Martin Heider, Paderborn (Schöningh) [12]2010

Briefe von und an Lessing 1170–1776, hrsg. von Hellmuth Kiesel, Frankfurt/M. (Deutscher Klassiker Verlag) 1988

Sekundärliteratur:

Borries, Erika und Ernst von: Deutsche Literaturgeschichte, Band 2: Aufklärung und Empfindsamkeit, Sturm und Drang, München (Deutscher Taschenbuch Verlag) [4]1999

Fick, Monika: Lessing-Handbuch: Leben – Werk – Wirkung, 3. neu bearb. u. erw. Aufl., Stuttgart (Metzler) 2010

Göbel, Klaus: Gotthold Ephraim Lessing, Emilia Galotti, 3. überarb. u. korr. Aufl., München (Oldenbourg) 1996

Klotz, Volker: Geschlossene und offene Form des Dramas, München (Hanser) 1960

Paintner, Peter: Gotthold Ephraim Lessing, Emilia Galotti, Hollfeld (C. Bange Verlag) [24]1995

Rösch, Herbert et alii: Grundlagen, Stile und Gestalten der deutschen Literatur. Eine geschichtliche Darstellung, Berlin (Cornelsen) 1996

Siegle, Rainer: Gotthold Ephraim Lessing, Emilia Galotti, mit Materialien, Stuttgart (Klett) 2002

Siegle, Rainer: Stundenblätter „Emilia Galotti", Stuttgart (Klett) [3]1987

Sternburg, Wilhelm von: Gotthold Ephraim Lessing, Rein-
bek bei Hamburg (rororo) 2010

Wilpert, Gero von: Sachwörterbuch der Literatur, 8. verb.
u. erw. Aufl., Stuttgart (Kröner) 2001

Wölfel, Kurt: Moralische Anstalt. Zur Dramaturgie von
Gottsched bis Lessing, in: Grimm, Reinhold (Hrsg.):
Deutsche Dramentheorien I. Beiträge zu einer histori-
schen Poetik des Dramas in Deutschland, 3., verb. Aufl.,
Wiesbaden (Akademische Verlagsgesellschaft Athenaion)
1980, S. 56–122

Wucherpfennig, Wolf: Geschichte der deutschen Literatur.
Von den Anfängen bis zur Gegenwart, Stuttgart (Klett)
[3]1996